U0925842

# 书淫艳异录

［甲编］

叶灵凤 著 张伟 编

海峡出版发行集团 | 福建教育出版社

Ex Libris
L. F. Yeh
靈鳳藏書

Ex Libris
雲鳳藏書

# 甲编目录

# 叶灵凤的《书淫艳异录》(代序)

陈子善

叶灵凤的《书淫艳异录》终于要付梓了，我乐观其成，因为我研究过叶灵凤，也因为此书的编选与我有一点关系。

已是30年前的事了。那时我从研究鲁迅扩展到研究郁达夫，香港友人寄我一册叶灵凤的《晚晴杂记》，这是叶灵凤生前在香港出版的最后一本书，我得到的是1971年11月上海书局再版本。现在回想起来，香港友人之所以把这本书寄给我，很可能因为其中有叶灵凤以“创造社小伙计”的身份回忆郁达夫和早期创造社的好几篇文字，让我作为研究郁达夫的参考。于是我知道了叶灵凤的名字，知道了叶灵凤在1920年代如何从学习美术转向沉迷新文学。

叶灵凤1920年代的创造社文学生涯可以分为小说创作和书刊插图两大部分，均颇受新文坛关注，后者当然与他受过专门的美术训练有关。他的小说，如收入《中国新文学大系·小说三集》的《女娲氏之遗孽》，以及《昙花庵的春风》、《菊子夫人》、《姊嫁之夜》等篇，大都以营造幻美的氛围，刻画人物的性心理，尤其是女性性心理“精细”“有趣”（郑伯奇语）见长，受弗洛依德性心理学的影响也是显而易见的。他后来致力于中外性学著作的搜集，性学书话文字的撰述，其滥觞或正可追溯至此。

进入1930年代以后，叶灵凤担任上海现代书局编辑，同时在新文学通俗长篇小说和“新感觉派”小说创作方面做过有益的尝试。此外，更多的时间和精力就放在藏书上了。他晚年写过一篇《我的藏书的长成》，开头就说得很清楚：

> 我在上海抗战沦陷期中所失散的那一批藏书，其中虽然并没有什么特别珍贵的书，可见数量却不少，在万册以上。而且都是我在二十岁到三十岁之间，自己由编辑费和版税所得，倾囊购积起来的，所以一旦丧失，实在不容易置之度外。

叶灵凤还告诉读者，这一大批藏书中，“大部分是西书”。

显然，其中应有不少叶灵凤撰写《书淫艳异录》的参考书。

叶灵凤在《书淫艳异录·小引》中称自己是“书痴”和“书淫”这两种癖好“兼而有之”，可见他购置西洋性学书刊，本来是收藏和自娱，但《辛报》的创刊，提供了一个他据此撰文“贡献给读者”也即娱人的契机。

《辛报》1936年6月1日创刊，姚苏凤主编，这是上海滩上第二份发表新文学作家作品的小报。在《辛报》之前于1935年9月20日创刊的《立报》，其副刊《言林》是新文学家发表作品最初的小报园地。但《辛报》与《立报·言林》有所不同，其副刊更通俗，更活泼，更具市井气，自创刊号起连载叶灵凤以“白门秋生”笔名撰写的“书淫艳异录”专栏，就是突出的一例。稍后，从6月8日起，《辛报》又连载邵洵美带有自传性质的“儒林新史”专栏，这两个颇具特色的专栏成为《辛报》创刊之始的两大亮点。

“书淫艳异录”在《辛报》上连载了4个月又20天，共104篇，达10余万字，数量相当可观，简直可抵一部中型性学词典了。在“书淫艳异录”专栏里，叶灵凤以性学为中心，旁及中外文学、艺术、宗教学、医学、心理学、史学、社会学、民俗学等众多领域，涉及面相当宽广，而且文字清通优美，文学性强。他在《辛报》“书淫艳异录”的《小引》中声称专栏“所记虽多艳异猥琐之事，必出以干净笔墨，以科学理论参证之，虽不想卫道，却也不敢诲淫”。综观全部专栏文字，应该说叶灵凤此言不虚，借用陆谷孙先生的一句话，他是以男女之事的瓶子装文化之酒。

然而，“书淫艳异录”并不到此为止。1940 年代这个专栏又有续集，那就是自 1943 年 4 月香港《大众周报》创刊号起连载的“书淫艳异录”。值得注意的是，叶灵凤重作冯妇，却使用了障眼法，他在《大众周报》“书淫艳异录”《小引》中说：

> 十年前，在上海曾用这题目为某报写过一些短文，每天一篇，杂谈男女饮食，乃至荒诞不经之事，有的录自故纸堆中，有的却摘自西洋专门著述，一时嗜痂的读者颇多，许为别有风味之作；好事之徒，更互相抄剪，打听这赅博的作者是谁。其实我不过是爱书有癖，读书成性，见有这类材料，随手摘录，杂凑成章而已，不仅不足道，而且是不足为训的。不料十余年来，时时还有人以这类文章有否存稿见询，最近《大众周报》的编者，更异想天开，要求我重整故业，为他们新办的周报再写一点“书淫艳异

> 录”之类的东西撑场面。我对于文章一道，虽然洗手颇久，可是朋友终是朋友，盛情难却，而且年来侧身“大东亚共荣圈之一环”的香港，“六两四”之余，有时闲得难受，有时饿得几乎不能安贫，便只有拼命的买旧书，读旧书……思之再三，遂决意再作“书淫艳异录”。

言下之意，似乎他是《大众周报》编者力邀，盛情难却，才不得不再续“书淫艳异录”。事实上叶灵凤本人就是《大众周报》创办人兼主编，这不是有点故弄玄虚吗？

当时香港沦陷，叶灵凤留港担任国民党中央调查统计局香港站特别情报员，从事秘密的抗日地下工作。因此，不难理解，编辑《大众周报》正是一种伪装，一种掩护，续写“书淫艳异录”专栏也应该别有怀抱和寄托在，读一读这个新专栏《小引》的最后一段就可明瞭了：“五十无闻，河清难俟，书种文种，存此萌芽；当今天翻地覆之时，实有秦火胡灰之厄；语同梦呓，痴类书魔；贤者悯其癖好而纠其谬误，不亦可乎。”

现在已知至1945年第4卷第17期，《大众周报》的“书淫艳异录”发表了54篇，与《辛报》的“书淫艳异录”相比，它们有如下的新特点：篇幅更长（当然，并非全部），论题更广泛，叙述更从容。叶灵凤这时阅读古书和洋书更多更杂，视野更为宽广，抄录性学奇闻趣事也更为得心应手。即便相同或相似的题目，如《萨地主义者》、《沙芙主义》、《露体狂》、《性的塔布》等篇，与《辛报》所载的《萨地主义者》、《沙孚的同性恋》、《露体狂》、《塔布》相比，也大都并不重复，而是另取新角度，写出新意味。总之，这一时期叶灵凤的“书淫艳异录”娓娓道来，显示其性学书话逐渐趋向成熟，更具知识性、趣味性和学理性。

差不多与《辛报》“书淫艳异录”同时，上海另一位以收藏中西性学书籍著称的藏书家周越然也在撰写性学文字。他长期以笔名在《晶报》开设性学专栏，侧重从生理、心理、病理、卫生、优育等方面介绍关于性的观念、知识以及世界各地的性俗习惯，文字均半文半白，同样落笔成趣，与叶灵凤的“书淫艳异录”有异曲同工之妙。周越然生前出版了《性知性识》、《情性故事集》两书，本世纪以来，在我安排下，又由其后人编选了《言言斋西书丛谈》（2003 年 3 月辽宁教育出版社版）和《言言斋性学札记》（2004 年 12 月广西师范大学出版社版）等。如果把叶灵凤和周越然的性学书话作一比较研究，想必也是饶有兴味的。

《辛报》的“书淫艳异录”和《大众周报》的“书淫艳异

录”是叶灵凤前期和中期的性学书话，1950 年代以降，叶灵凤再次重操旧业，为香港报刊撰写性学专栏，姑且将之称为叶灵凤性学书话写作的第三阶段。1989 年 2 月，也即叶灵凤逝世 14 年之后，香港三联书店以副牌南粤出版社名义出版了其后人编选的《世界性俗丛谈》，正是叶灵凤后期性学书话的汇集。此书封底刊出的出版社推介中说：

> 本书是一部趣谈男女间性爱逸闻的故事集，内容无奇不有，如各国的婚姻性俗，道来有如天方夜谭；对不守妇道的名媛闺阁因纵情恣欲而引惹的身祸，说来又见惩戒之意；还有风流的斋戒和尚、心猿难制的尼姑的荒诞笑话，以及春宵秘戏的行乐图，措辞冶艳，堪称神品；而描绘闺房中的乐趣和床笫间的技术，更令卫道之士目瞪口呆。这些故事即使视为好事者杜撰之辞，聊为笑谈，实也无伤大雅。然作者意在劝善惩淫，叙述间虽有渲染夸大，却并不过份。

这则简介把《世界性俗丛谈》的特色概括得很到位。唯一需要补充的是，《世界性俗丛谈》中诸文以更为通俗易懂、生动有趣的故事的形式出之，单标题冠以“某某故事”的就有七八篇之多，而且由于专栏字数限制的缘故，均千字左右，短小精悍。一卷在手，可以大开眼界，正如罗孚先生在《〈叶灵凤卷〉前言》中所指出的，此书“当年在报刊连载时，颇有人以为是黄色文字，其实是事情虽黄，文章不黄，只是趣味盎然的民俗而通俗的文字”。

在简要回顾了叶灵凤性学书话写作的三个阶段之后，该对这部《书淫艳异录》的整理出版略作说明了。我早知道书话大家叶灵凤写过另类书话“书淫艳异录”，却一直未见其庐山真面目。1990年代后期一个偶然的机会，购置了三个月的《辛报》合订本，读了《辛报》“书淫艳异录”的大部分，但毕竟不是全璧。不久之后访港，在香港一位藏书家处浏览过他视为珍籍、秘不示人的《大众周报》合订本，发现还有《大众周报》“书淫艳异录”，遂影印了其《小引》收入拙编《忘忧草：叶灵凤随笔合集之一》（1998年8月文汇出版社版）。2004年12月，为广西师范大学出版社编选“性学三书”，《世界性俗丛谈》又理所当然地入选而出版了简体字本。

因此，当数年前福建教育出版社林冠珍女士与我讨论选题时，我就建议出版尚未整理的叶灵凤《辛报》“书淫艳异录”，我认为不但叶灵凤书话爱好者会对此大感兴趣，性学研究者也会对此大感兴趣。我并推荐张伟兄主其事，认为他是编选《书淫艳异录》的不二人选。而张伟兄那时已经掌握了《大众周报》“书淫艳异录”，更是给我意外的惊喜。今天，叶灵凤的《辛报》“书淫艳异录”连载77年之后，《大众周报》“书淫艳异录”连载70年之后，终于可以合为一帙，较为完整地“破土而出”，与海内外读者见面了，我认为这是值得庆幸的。叶灵凤如泉下有知，也当感到欣慰。

2012年10月27日于海上梅川书舍

# 编辑说明

1. 基于版本学意义的考虑，本书对原文中一些与现今通行写法不同的字词，如“的”“想像”“部份”“原故”等，包括外文人名、地名等专有名词的译文，如“卢骚”“萨地”“拜轮”“阿剌伯”等，均保留历史原样。

2. 由于书中文章写于不同时期，作者对一些外文的翻译前后有所不同。对此，本书除了在同一篇文章内加以统一之外，均保留原样。

3. 本书对原文中的明显错字进行了如下处理：中文错字仍保留原样，但在 [] 内标注正字；外文字母印刷错误的，则径行改正。

4. 依据现今的标点符号使用规范，本书将原文中标注书名或文章名的引号改成了书名号，并为原文未标任何符号的书名或文章名添加了书名号。其他标点符号，本书也根据具体情况酌情修改。

5. 由于年代久远，原报文字漫漶不清，甚至有所缺损，本书编辑时，以相应数目的□标注无法辨识的文字。其中，根据上下文义可以明显推断出的缺文，本书则在 {} 内加以补充。

以上载上海《辛报》1936 年 6 月 1 日～10 月 20 日

# 小引

古人以读书不晓事为书痴，爱书过溺为书淫，秋生对于这两种癖好，可算兼而有之，每遇见好书，总不惜倾囊购来；枵腹读书，是常有的事。久而久之，物以类聚，袋中常空，架上的书却渐渐的丰富了。而且所买的书，大都是不能登大雅之堂，属于猎奇趣味方面的居多。苏凤兄主编《辛报》，嘱将读书所得，写一点贡献给读者，因撰“书淫艳异录”。孔老夫子曰：“吾未见好德如好色者也”，话虽如此，但是他老先生却也要拜见卫国漂亮的南子。圣人尚且如此，秋生又何能免？然而所记虽多艳异猥琐之事，必出以干净笔墨，以科学理论参证之，虽不想卫道，却也不敢诲淫，至于见仁见智，那要看读者诸君自己的慧眼了。

# 拟目一斑

一．谈猥亵文学
二．裸体美术与诲淫
三．关于秘戏
四．不许参观的博物馆
五．金瓶梅之类
六．酷刑和残暴
七．守宫砂与贞操带
八．身具二形
九．女化男
十．男化女
十一．谈媚药
十二．中外淫词考
十三．初夜权与贞操
十四．结婚异俗
十五．生殖器崇拜
十六．文身和刺花
十七．仵作与法医
十八．梦与精神分析
十九．变态性欲解
二〇．虐待狂
二一．被虐狂
二二．拜物狂
二三．同性爱之谜
二四．自渎种种
二五．兽奸和尸奸
二六．翰林风月
二七．宫刑和幽闭
二八．半择迦
二九．螺纹鼓角脉
三〇．杀人的艺术
三一．接生和催生
三二．谈异味和恶食
三三．伽桑诺伐自述
三四．丧葬风俗志异
三五．卖淫制度的考察
三六．关于僵尸
三七．动物的性生活
三八．殉情和嫉妒
其他待续

# 谈猥亵文学

三十年前，大人发现子女们在偷偷地看《红楼梦》，《西厢记》一定要大加诃责，说是不学好，因为这类书都是著名的淫词小说。其实，偷看淫词小说的弟子至少比专向婢女丫环偷摸的要好一级，因为他们多少还有一点“书香”。但是如今却不同了，《红楼梦》和《西厢记》是课外读物，古本《金瓶梅》更公开预约，前天在公共汽车上看见一个女孩子很用功的看书，我偷偷的一看，正是这部《中国文学珍本丛书》。从这上面可以知道时代的演进，使我们对于同一样事物可以有截然不同的观念。

许多男女间的私事，现在已经不视为猥亵，可以作为正经问题，公开的讨论。用子宫帽节育可以“救国”，一家卖毛巾被的广告上说：“夏夜夫妇燕好之后，用之可免受凉。”凡此种种，都证明所谓诲淫，猥亵也者，都随了时代，习尚，一时的风俗环境而转移，并不是绝对的。

同样，在近代文学作品中，猥亵的成份更是遽急的在发展。例证是不胜枚举的。不过，文学作品中所包涵的关于两性生活或其他猥亵的描写，是不能和一般的“淫书”一概而论的。所谓“淫书”，德国当代性教育权威布洛讫博士在《现代的性生活和现代文化》一书中所下的定义最恰当。他说：所谓纯粹的猥亵文字，必须著者的目的，是全然在挑动读者的性感。决不能因为有一些著者运用了某一些字，叙说了某一些动作便认为是猥亵。

这合理的定义，可以使许多艺术作品，即使里面包涵着不少猥亵部份，然而著者的用意却全然和上述的定义相反，从幽禁之中解放了出来。同时，许多宗教的医学的或科学的著作，虽然全部是关于两性生活的，也可以不和猥亵相混。

有人将“淫书”比为毒药，这比喻是恰当的。有许多危险性极大的毒药，在常人手中，不小心是有生命危险的，但是到

了专门家，医生的手中，有时却对于医学上有极大的帮助。同样，在许多淫书之中，包含了不少关于风俗人情和变态心理的极珍贵的资料，这些资料，若通过了其中的猥亵成份，以科学的学术的眼光去研究，对于文化史、社会学和心理学是有极大的贡献的。但对于一般素人，这类书和毒药一样是该封禁起来的。

著名的哲学家叔本华曾说：“人性中两极端是常常可以并存不背的。”因此有许多伪善的道学先生，书箱中时常藏着淫书，真愚笨得可笑，他们那里有叔本华这样的坦白。他又曾说：“一位哲学家不仅要用头脑去活动，而且也该用生殖器管。”因此他自己也是一位淫书的耽读者。与他同时代的文豪歌德，不仅爱读，同时更是一位绝妙的色情小诗的著者，这些原稿一直到今天还在魏马被保藏着。我国两宋时代的词人，有许多大节凛然，为官清正，但是却遗下了许多极香艳猥亵的小词。凡此种种，并不损害他们整个的人格和伟大，正证明了叔本华的哲理是正确的。

对于猥亵文字，法律和一切维持风化道德机关都在竭力的禁止，但效用是极微的，而且愈加增加了一般人的好奇。正当的处理方法，是该从科学的艺术的立场，辨明艺术作品和专以猥亵为目的的文字图书的区别，从教育方面去普及一般的性知识，提高欣赏艺术作品的水准。这样，将比一切维持风化机关所做的愚笨的举动为有效。

# 裸体美术与诲淫

中国是将“裸体”视为最猥亵的东西的国家，所以根本没有裸体，更没有裸体美术可言。有之，便是纯粹的春画，它的目的截然不是“艺术的”，历史上所记的后宫镜殿秘戏以及所谓无遮大会，也是帝王纵欲荒淫之举，决不是希腊人尊重裸体视为美的最高点的表现。在这传统观念下，无怪以前艺术叛徒刘海粟第一次雇用模特儿作人体写生时，要值得卫道之士的反对和官厅的取缔了。

但是，裸体果真是猥亵的吗？这问题是值得研究的。第一，我们先要注意“裸体”二字在原始人是不存在的。人本来是不穿衣服的，所以也无所谓“裸”，“裸”是人类有了衣裳以后的发现，这的确是一句定论。同时，也正是穿上了衣裳以后，人类对于自己的身体才有羞耻和猥亵的观念。

一直到今天，世界上有许多民族还是裸体的，至多也不过用一点羽毛或布片遮掩着下部。这举动，并不是为了猥亵，实在是作为装饰或保护性的，因为他们大都将两性生殖器官视为最宝贵最神圣的东西。衣裳最大的作用是“保护”，“装饰”，而不是“遮掩”，这观念一直到现在还残留在文明人的脑经中。

其实，穿衣裳为了遮掩肉体，不如说是为了显露肉体，这倾向在现代女性中更为发达。欧洲的女性，对于衣裳的观念一向与我们不同，她们都想藉了衣裳的掩护来显露自己的肉体。流行的晚礼服和最新式的游泳衣更明显。这类衣裳所遮掩的部份，与其说是“遮掩”，不如说是“暴露”，因为这正不啻将这部份特别暗示给人家。

所以，对于人体的猥亵的观念，实在是因了衣裳而起，同时，所谓裸体美术，也是有了衣裳以后的发现，希腊的裸体雕像，和希腊以前的裸体雕像，制作的动机是截然不同的。因为到了希腊时代，人们才发现脱了衣裳以后的人体的优美，在这以前是根本没有这种观念的。

对于裸体的美术作品，因而发生猥亵观念的，可说是极少数。只有性欲不健全或在特殊环境之下孤独生长起来的人，才有这种观念。德国在一八七六年曾发生一次案件，有一个人在一座圣母像前手淫，讯问之下，才知是一个近于白痴的毫无智识的人。

对于男性的诱惑和激刺，裸体的女性实在比不上半裸的或仅遮掩一部份的女性。一个仅穿亵衣的女性，对于色情的刺激，会比一个全裸的女性更甚。所以非洲有一个地方，只有娼妓才穿文明人的衣服，而巴黎的一些画室，模特儿脱衣裳时大都在屏风背后，待脱光了后再走上画台，因为脱衣裳的一瞬间和仅裸露一部份的肉体是比全裸更猥亵的。

西洋有一些裸体雕像，大都用一张树叶遮掩着阴部。这叶子有些人称它作“秋叶”或葡萄叶，都是错误的，这实是无花果叶。典故出在《圣经·旧约》的《创世记》。女人夏娃听了蛇的诱惑偷吃了禁果，分别出善恶，听见上帝的声音，感到羞惭，便用无花果的叶子做裙遮掩自己的裸体，后来僧侣们便运用到教堂的雕刻上。从这上面，也可看出人类是因自己先犯了罪，然后才对自己的裸体发生羞耻。穿上衣服之后，于是便永远堕落了。

## 不许参观的博物院

一般的博物院，有一些陈列室是不许妇女或小孩入内的，这里面大都是陈列着裸体艺术作品或性器官解剖模型，若是连成年的男子也不许参观的，那就很少有，因为这样根本就无庸陈列了。但是在意大利的拿坡勒斯博物院，却有两间陈列室，受着莫索里尼的手谕，终年封锁，任何人是不许参观的。这里面所陈列的，是从被火山淹埋了的彭贝城地下发掘出来的古物，都是属于色情方面的。莫索里尼不愿古罗马的荒唐遗迹影响他的意大利子民，所以停止开放。但是要探询这里面秘密的人太多，终于也有几个获得入内，美国有一个名叫勃莱特新闻

记者，便是其中之一，他在《绅士》月刊上曾有一文，记载他入内参观所见，现在译述大略如下：

博物院的看守领着我从神秘的甬道一直走到最上一层的陈列室。在狭隘的走廊里，有一间门上没有名称和号数，光线很黯淡，这就是这间著名的秘室。

一共有两间，每间大约有十五尺长，十四尺阔，有门通着。但是并没有窗。走进门去，一种阴湿的霉气扑人，地上满是灰尘，玻璃陈列柜上也满是灰尘。就在这玻璃柜中，收藏着那些著名的“古物”。

这些都是极细巧的秘戏模型，都只有指般大小，在当时都是佩在身上辟邪的，都是用玉石或宝石雕成，下面托着金属的垫座。在彭贝城的当日，妓女都用这穿成项链戴在颈上，作为卖淫的标帜。雕刻的精细真是使人惊叹。

座上还有许多小像，因为经过几百年的埋藏，表面已经雕蚀，都染上一层铜绿，那种紧张热烈的姿势，看上去不觉猥亵，只觉分外可爱。

此外还有象征生殖器的铜灯盏和瓦灯，这些都是当时挂在花街柳巷里。每个下等妓院的门口，都挂上一盏这类的灯，映着妓女的芳名，藉以招徕顾客。

> 陈列室的墙上，挂着许多发掘出来的壁画和浮雕。这都是大规模的秘戏图。这些壁画和浮雕，一共有几十幅，有的颜色已经黯淡，有的色彩还很鲜艳。画上的人物，并不十分写实，但颇有近代风味。那种温柔的肉色，不但极有趣味，而且极其悦目。我们可以想像当时的彭贝市人民是如何的享乐了。
>
> 墙上还挂着不少妓院的招牌，有的三尺多长，有的一二尺长，正好像现在理发店门口挂着的三色旋转柱子一样。
>
> 还有一些春画，也是妓院兜揽生意的广告。他们把这类春画贴在门口，引诱顾客，搬家时还可以撕下来带走。另有一些古怪的高帽子，据说都是当时妓院雇了人戴着在街上游行，口中高呼着妓女的芳名，加以种种形容，藉以吸引嫖客的。……

密室中所收藏的这类古罗马色情文化的遗物，共有三百多件，大都是彭贝城遗址中发掘出来的。当时彭贝市民淫靡的私生活不难想像。欧洲有许多著名的生理学者和优生学者还从这上面研究古代人性交的姿势，以求获得合理的结论。所谓“彭贝式”（Pompeian mthoa）便是从这上面的发现。

# 关于秘戏

所谓“秘戏”，便是指描摹男女交媾的图像。这名词由来颇久，据说在《史记》和《汉书》上已经出现。杜子美的宫词：“宫中行乐秘，料得少人知”，所指的便是这事。在独夫的专制政体之下，便是这类“秘戏”也仅是在宫闱之中才可以存在，所以现今所流行的秘戏图，大都是“汉宫春色”之类，背景和人物都是模拟宫闱中的景象。

秘戏又称春画，俗语叫作春宫。红楼梦中傻大姐所见到的妖精打架的香囊儿，便是这东西。虽然是猥亵的东西，却也有正经用处。预防江湖上的铁算盘，念秧术，以邪压邪，据说最有效用，所以乡下人的钱柜和衣箱里，时常要用几张这类“春宫”来镇压。此外，还可以避火，这正是流行世界各处最普遍的迷信。

其实，“秘戏”并不限于“画”，除了画在纸绢上之外，更有雕刻的或塑造的。有瓷制的，有木雕的，也有刻在贝壳和桃核上的。北平捏面人的，更可以在剖开的胡桃壳里或火柴盒内，给你捏上一套。此外，指环，烟斗，中国旧日之香囊折扇，都是制作这类艺术品的最适当的对象。因为能辟邪，所以在钱币和墓道的石壁上，有时也可以发现这类的“秘戏图”。

画秘戏的能手，当然是尽人皆知的仇十洲和唐伯虎，据说一套册页，价值要几千，而且假冒的极多。《清河书画舫》上记载有唐人周昉所绘的《春宵秘戏图》，如果可靠，这当是最古的一幅。此外，近代大同马相舜，太仓王无倪，歙县罗锡三，据说都是此中能手。富豪之家，大都爱收藏这类作品，奔走权门的小人，也爱用这东西作进身之阶。

日本人的这种作品，和中国所流行的差不多，大都是古装的。有彩色木板套印的，有画在绢上的，也有烧在瓷器上的。西洋人的就不同了，很少有像中国的成套画册，大都是单幅的，而且一反“燕婉妩媚”之状，着重变态的描写。十七世纪时的荷兰大师郎布朗特，便留下不少这类的速写。此外，英国的路郎逊（Thomas Rowlandson），更是近代在欧洲描摹秘戏驰名的能手。

自从摄影术发达之后，“真的照相”便替代了画片。这类照片，欧洲的法国德国比利时西班牙等国，都有大规模的制造机关，用极秘密的方法运销各地。一男一女是普通的，有些更表现着手淫，兽奸，鸡奸，同性恋，以及其他荒唐背伦的变态性行为。这类照片虽然各国都用严厉的方法搜查焚毁，但是他们仍用极巧妙的“走私”方法流通各地，和贩卖军火一样，几乎有一种国际性的组织。当然，中国的市场上有这类的“舶来品”，同时也有“国货”。

这类“秘戏”无论是绘画的或塑造的，粗俗不堪的固然不少，但是出之名家之手而意趣盎然的也有。从防范风化上说，这类作品当然不能任它流通市面，但是从私人的鉴赏和趣味上说，这却是不妨收藏的。不过，伧夫俗子当然不足以语此。

我最近曾看见一件小小的日本酒器，里面画着达摩，外面则是一幅秘戏图，女的在上，男的在下，一旁题着两句小诗：

“女的说：我这样高踞在上，如果神灵看见了，不要惩罚我吗？

男的说：不要紧，不要紧!”

这正是谁见了都要辗然微笑的绝妙风趣。

# 再谈秘戏（上）

凡是研究民俗学的人，都知道未开化人对于男女之事，都视作神圣不可轻渎，即所谓生殖器崇拜。所以在南美洲和非洲一带被发现的秘戏图像，大都精美异常，而且制作异常郑重，生动淳朴，决没有文明人的雕琢做作。近来被发现的巴利岛的土人作品，更被世人所重视，许多现代画家，都从这上面吸取人体构成的原素。

我国的秘戏图，我在前面已经说过，大都带着浓重的宫庭［廷］气味，所以精致的作品也都是这类，但这类作品绝不易见。至于在市井之间时常见到的，大都是恶俗不堪寓目的。赤条条的男女二人，肥白浑胖，至多女的戴一方大红兜肚，挑一双大红鞋，好像山东人的西洋镜里最后的一张一样。这类秘戏图，正是伧夫俗子的至宝，而略有智识的人见之不仅不发生兴趣，反而要作三日呕。明人冯梦龙所辑的《山歌》，其中有一首题作"春画"的，所歌咏的正是这类东西：

姐儿房里眼摩矬，偶然看着子介本春画了满身酥，个样出套风流家数侪有来奴肚里，郱得我郎来依样做介个活春图。

这是很写实的，这类作品大约也是供给这样之用而已。至于上等的，大都是宫装，温文尔雅，多半出自内庭供奉画师之笔，正如《金瓶梅》里有一词所说：

内府衢花绫裱，牙签锦带装成，大青大绿细描金，镶嵌斗方干净，女赛巫山神女，男如宋玉郎君，……

所以中国有许多秘戏图册页或手卷，有些模仿仇唐的署名，一些故意不落款，便是想冒充出自大内的"御物"。

# 再谈秘戏（下）

秘戏图的出现是很古的，据邓文如的《骨董琐记》所载：

> 考《汉书》广川王坐画壁为男女交，置酒令姊妹饮，至罪废，汉成帝画纣踞妲己而坐为长夜之乐于屏。汉时发冢鉴砖，画壁皆作男女交状，且有及男色者。又画于车螯壳上者亦然。后则炀帝铜屏，高宗镜殿，皆宋人春宵秘戏图蓝本……

所谓“春宵秘戏图”，见于《清河书画舫》，如果是可靠的话，当是最古最名贵的一幅。据《清河书画舫》的著者张丑题记说：

绢本春宵秘戏图卷，戊午七夕获于太原王氏，乃周昉景元所画，鸥波亭主所藏，或云天后，或云太真妃，疑不能明也。传闻昉画妇女，多为丰肌秀骨，不作纤纤娉婷之形，今图中所貌，目波澄鲜，眉妩连卷，朱唇皓齿，修耳悬鼻。辅靥颐颔，位置均适，且肌理腻洁，筑脂临玉，阴沟渥丹，火齐欲吐，抑何态秾意远也。及考妆束服饰，男子则远游冠丝革靴而具帝王之相，女妇则望仙髻凌波袜而备后妃之容，姬侍则翠翘束带，压腰方履，而有宫禁气象，种种点缀，沉着古雅，非唐世莫有矣……

从这题记上，可知这幅《春宵秘戏图》不但出于唐大家周景元之笔，而且立意很新，题记的文字也极香艳，是极可珍贵的资料。此外，元人冯海粟，有一首题《熙陵强幸小周后图》的七绝，可说是仅有的关于“虐待狂”的诗句：

江南剩得李花开，也被君王强折来。怪底金风冲地起，御园红紫满龙堆。

# 《金瓶梅》之类

这几天在四马路发现曹涵美先生的《金瓶梅全图》第一集，装订很古雅，画笔也很细致。虽然不是真正的“全图”，但是对于一般的读者，也颇足“望梅止渴”了。原刊《金瓶梅》本有两种插图本，只是刻得太拙劣，说句笑话，潘金莲的面目有时竟和《古烈女传》上顾恺之的“烈女”差不多，太没有表情，而且也太简单了。北京印行的《清宫丽美图》，画面虽然复杂一点，但是极力在拟古，所以也欠活泼。这回新出的《金瓶梅全图》是颇能一洗这类弊病的，正如《论语》半月刊的广告上所说，“每一人物，眉挑目语，更表情生动，恰又各合身份”，所遗憾的，只是使人未能“窥全豹”而已。

本来，像《金瓶梅》这类的书籍，不论是插画或文字，要公开发卖，删检的手续是必要的，这正是“十六岁以下儿童恕不招待”之意，并非广告术，实在是维持社会风化的一种合理举动。但是对于教养程度已够的读者，或是一些专门家，这里面的“秘密”是不妨公开的。所以在欧洲和日本都有这类私人组织的出版部，用预约的手续发卖，注明是“非卖品”，因此官厅也不加禁止，因为这正是“寓禁于征”的办法，可以限制流传，同时还可以保存这类书的真面目。绝对的禁止实在是愚笨而且也是无效的。《肉蒲团》和《灯草和尚》之类，虽然从前清时代就有明文禁止，但是一直到今天，不是凡是律法所及之处，这类书籍依然存在吗？

提起《金瓶梅》，使人想起波伽丘（Boccaccio）的《十日谈》（*The Decameron*）。这书的内容虽与《金瓶梅》异质，但是在地位上却是同等的。中国人很少不读过《金瓶梅》，或者至少也知道这书名，知道是部所谓“淫书”。同样，西洋人也无人不知道《十日谈》的，因为这是最普遍的一种，同时也是最“初步”的一种。

《十日谈》的原文是意大利文，全译本照例是不能公开发

卖的，大都由私家出版部经过“预约”的手续，因此价钱也很贵。英文译本一般通行的都是经过删节的，好一点的版本则在猥亵处保持意大利文原文，这好像说，如果一个英国人能够读意大利文，他便有资格读这几节的文字了。

当然，在外国和在中国一样，除了上述的一种之外，还有数不清的真正的“淫书”存在。英国有不少，法国不用说。据说最好最多的还要算德国，尤其关于男色和变态性欲描写的。法国对于这类书籍的取缔较宽，所以有许多这类的英文书都在巴黎出版。文笔和描写属于上乘的固然不少，但大都和中国的石印小本一样，都是索然无味恶俗不堪的东西。

柏林的布洛讫博士非常推荐英国克莱郎（Cleland）的《芬赖赫耳的回忆》（*Fanny Hill*）说是英国这类著作之中惟一有艺术价值的一部。这书，作者曾匆匆翻过一遍，是和早几年出现的《银梨花下》体裁相近的东西。此外，还有一本《香园》（*The Perfume Gardon*），是译出亚拉伯文的，也是英文中最得人称赞的一种。

# 守宫砂与贞操带（上）

对于一个男子，一个有了妻子的丈夫，最大的侮辱是嘲笑他的妻子的不贞。所谓“绿头巾”，所谓“乌龟”，据说是男子最不名誉的一个头衔。因此丈夫对于自己的妻子和第二个男子的防范，便不惜耗掷最巨大的心血。古代是这样，现代也是这样。中国是这样，外国也是这样。更值得注意的是，愈是笨拙的男子，将自己的妻子防范得愈严，而结果，只有益发证实自己的愚笨而已。因为在他用尽心机自以为高枕无忧的时候，妻子早已用更巧妙的方法使他将“绿头巾”戴上了。

所谓“守宫砂”和贞操带，便是中外无独有偶的防范妻子

的风流刑具。

守宫就是壁虎，据《文海披沙》说："蜥蜴守宫蝘蜓蝎虎，世皆混以为一，即《尔雅》亦云，然其实非也。在壁曰蝘蜓，常近人，无毒，尾击之辄断，在地跳跃不止，儿童多狎之，以其食蝎，故名蝎虎。以其出入宫中，故名守宫，或以为血可涂宫人臂，使无异志，谓之守宫……"其实这仍是说得很含糊的。蝎虎就是壁虎。上海少见，内地则一到夏天，傍晚时候墙上爬的皆是。守宫砂的制法，据说以硃砂和牛羊脂与守宫食之，日久则腹作赤色，通体透红，五月五日取血涂妇人臂上，作硃砂痣，揩拭不去，终身常在，与人交合即灭。

制法很简单，似乎很灵验，现代丈夫不妨一试。只是，慎防着你太太私下也养着一条，那就一切都完了。

汤公让有一首咏守宫诗，就是说守宫砂的：

> 谁解秦宫一粒丹，记时容易守时难。鸳鸯梦冷肠堪断，蜥蜴魂消血未干。榴子色分金钏晓，茜花光映玉鞲寒。何时试卷香罗袖，笑语东君仔细看。

这诗说得很风雅，几乎是"闺中乐事"，其实内幕恐怕未见是这样的。

# 守宫砂与贞操带（下）

所谓贞操带（Girdle of Chastity）便是中世纪在欧洲流行的，丈夫防范妻子的愚笨而残酷的工具。守宫砂还带点风流意味，至于这贞操带完全是对于女性的侮辱了。

贞操带的形式，据目前流传下来的实物看来，是一条金属的腰带，下面另附着一块金属小片，可以遮掩下部，上面有锁簧，用来束在腰上，阻止女子随意和男子交接的。普通的是单式，前面有一块铜片，可以掩住阴部，而复式的，则铜片之下另有一块铜片接到后面去，连肛门也可以防范了。

腰带上有绞练，可以随腰部的大小伸缩，锁簧装在与腰带

衔接的地方。铜片上有小孔，可以通大小便，然而小得连指头也放不进去。这样锁起来，门禁森严，当然可以万无一失了。

欧洲中世纪的嫉妒的丈夫，为要预防妻子的不贞，在出门经商或从军的时候，便要妻子戴上这贞操的保障，加上锁，自己将钥匙带走。有的甚至在平日也要强迫妻子带着。然后，世间最狡狯的是狐狸和女人。伶俐的妻子早已托邻媪配得了同式的钥匙，在丈夫拍拍胸膛安心的走出大门以后，情人早已准备着从后门掩进来了。

贞操带的发源，据说是在东方。非洲土人在阴唇上戴着银环，或者将阴户的一部用线缝闭起来，就是这贞操带的滥觞。而流浪的吉卜赛人，在少女之中，也风行用一匹布或者皮带缝在腰间，保护自己处女的贞操，平时由父母加以察看，直到新婚之夜，才由新郎用刀割开。

不过，这类贞操带是处女守护自己的贞洁，与妻子被丈夫强迫加上去的贞操带截然不同。东方的贞操带之流入欧洲，无疑的是由东征的十字军带回去的。当时的威尼斯，不仅是商业中心，同时也是奢华淫靡的中心。东方的风俗习尚，这时由行伍之中带回欧洲。近东一带所流行的男色的奇癖，也在当时欧洲中上阶级流行起来。有着这种经验的丈夫，对于妻子便也扩大了防范的领域。这只要看复形的贞操带在意大利发现的最多，便是一个明证。

贞操带这东西，十二世纪已经有发现。不过，由于记叙与贞操带有关的古籍，多半被认为猥亵，不能供一般人的研究，因此关于它的文献可说相当的狭隘。然而在十六、十七世纪的欧洲，不仅在意大利，即在法国德国，贞操带都大大的流行过。这不仅从当时的文艺作品，社会风俗的著述中，可以证明，甚至当时法庭的案卷中，关于妻子控告丈夫虐待，或是丈夫控告妻子不贞的案件中，都有不少的牵涉。

被发现的贞操带，在一般的博物院中大都藏诸秘室，不是一般的观众所能见到，因此投机的古董商人竟造了许多赝品以满足猎奇的收藏家的欲望。

一直到十九世纪中叶，英国苏格兰还有一位叫穆岱（John Moode）的医生，公然发散传单，承制各式的贞操带。他说，这不仅使为父母的可以省了许多不必要的担忧，而且可以使为丈夫的免了不少污辱门楣的耻辱。这传单竟然招徕了许多可笑的主顾。

# 身具二形

身具二形，即所谓“半阴阳人”，普通称作“雌孵雄”，在生理学上的学名是 Hermaphroditism，佛经上名为“博义半择迦”，说是半月能男，半月不能男，又说上半夜为男，下半夜为女。其实，这都是鬼话。所谓“两性体”，在生物学上并不是一件神秘难解的事，下等动植物有许多都是雌雄一体的，而人类的精虫，在受胎之初，也是具有男女同一的生殖腺，在第二月到第三月中，生殖腺的发育渐渐偏向男或女，而生睪［睾］丸与卵巢之差别，然后逐渐消失其一。外阴部也是这样，直到第四个月男女之别才定。所以，如果说每一个人都是身具二形，这话虽然是耸{人}听闻，但是只要自己仔细检查一下，再翻一翻胎生学中的生殖器发生史，便知这实在是实话。

所谓“半阴阳人”，便是在发育的过程中，发生障碍，其一部份停止滋长或消失，于是便发生了畸形的现象。如男子的“生殖结节”发育不全，不成为阴茎，而止于阴核状态，同时生殖沟不闭锁，发生尿道下之破裂，左右之皱襞不相愈合，成为“膣腔”，同时睾［睾］丸又不下垂而停留于腹腔内或鼠蹊内，于是外阴的形状俨如女子。这种畸形，生理学上名为“男性假半阴阳”，因为他实是男性。又有女子的阴核异常发育，则外观如阴茎，生殖皱襞愈合，膣腔殆等于无，同时卵巢下降转位于大阴唇中，恰如睾［睾］丸，于是外阴酷似男子，这种名为“女性假半阴阳”，因为她实是女的。这是属于外形的，同时内部生殖器官有时也会有这类的残留，如一侧是睾［睾］丸，一侧是卵巢，但大都只有一种生殖机能，所以半阴阳又有内外之分。

至于“真性半阴阳”，即兼有男女两性器官及机能。阴茎能勃起射精，同时膣腔又能交接的，则极少见。即有，大都属于“女性假半阴阳”，不过阴核能勃起，但决不能射精，而且施行解剖时，可断定决无睾［睾］丸，或输精管的存在。

半阴阳人的发育，如须发，阴毛，喉头，乳房等，大都依其畸形而生特殊现状。但是如果要认真断定其为男为女，则除施行解剖以外，局部的现象完全是不足据的。

法律观念发达的社会，因了选举权，遗产承受权，征兵义务等，有时一个人究竟是男是女，便有很大的出入，所以有些国家关于男女性别的鉴定，都有专律。但是中国律法上还没有关于这类的规定。因为过去所发生的“阴阳人”的纠纷，大都是婚姻关系或风化案件，从不会牵涉到“公权”过。

中国野史上，关于“身具二形”的记载颇多，而社会上一般的传闻更多，但大都讳莫如深，从未有人施以检查或鉴定。但可断定，大都是“假性”的，因为从生学理［生理学］上说，真的极罕见也。

# 蓝道婆及其他

关于身具二形的阴阳人，中国笔记小说中颇多记载，但大都传闻失实，近于神怪，不甚可靠。反之，外国一些医学专著和法医鉴定研究，则有许多正确的记录，可供参考。读者中大约也有人愿知道详细的，不妨撮录数段。

中国笔记中的记载，如明人著的《五杂组》第五卷所记：

> 晋惠帝时，京洛有人兼男女体，亦能两用人道者，今人谓之半男女也。又有一种石女，一云实女，无女体而亦无男体。近闻毗陵一毗绅夫人从子，至午则男，从未至亥则女，其夫亦为置妾媵数辈侍之，有妓款承枕席，出以语

人云，与男子殊无异，但阳道少弱耳。

这后面的一段，大约是事实，只是依时刻以化男女，则未必可靠。又，清人的《坚觚集》载有：

《王历通志》载，心房二宿具男女二形，妇女感之而孕，所生亦具二形。晋史惠怀之世，京洛有兼男女体者，能两用人道。《七修》载，杭友苏民词娶一妾，下半月女形，上半月则阴户出阳势矣。《碣石剩谈》载，嘉靖中瑞州蓝道婆，身具男女二形，假女红奸人妇女，事露刑死。《闻见卮言》载：禾郡城隍庙道童，阴囊之后，谷道之前，又具女形，年长而美，两乳亦发……

所谓蓝道婆，据记载看来，实在是“男性假半阴阳”。他书有更详细的记载，兹一并录下：

《碣石剩言》，嘉靖中瑞州府有蓝道婆者，身具男女二体，无髭须，因束足为女形，专习女红，极其工巧，大族多延为女师，教习刺绣织纴之类，即与女子昕同寝处，初不甚觉，至午夜阳道乃见，因与淫乱。后至一家，女徒伴宿，蓝婆求奸，女子不从，寻与父母语其故，令老妪试之果然，首于官，捕至讯实。以巨枷遍游市里，女子曾失身者缢死甚众。

这类风化案件，记载颇多，但有些是“男扮女装”，未可与“阴阳人”混为一谈，蓝道婆是最著名的一个。

德国于一九零七年曾出版一本书，名《一个作为女子的男子的回忆》，著者匿名，但曾受医生的检验，据说从小被当作女子教养，直到二十二岁才发现自己有男子的性欲，而且可以性交，实是一个“男性假半阴阳”。

“阴阳人”的发现，大都因了婚姻关系涉讼之故，不是女的“交接不能”，便是男的“阳道渺小”。但也有例外的，据Amhroise Tardieu氏的记载，有名玛利阿尔塞娜者，寿至八十四岁高龄，与其夫配偶，永年相契，直至死后施行解剖，始知其为男子云。(见日本田中祐吉著：《近世法医学》)

“阴阳人”为生理学上并不十分偶然的现象，但真性的极少，大都是假性的，除属于内性器官变化者外，其余一经检验，不难决定。中国社会人事日益复杂，法律观念也渐普遍，关于这事，不久也许有实际的案件可供我们的参证罢。

# 女 化 男

女化为男，这类事情，从生理学上说，大都是“男性假半阴阳”所起的变化。从性心理上说，则与同性恋，色情综错有关。世间不乏女扮男装，或身为女子，而性情容貌举止酷类男子，从小爱和男孩游戏，厌恶女红装饰，大起来喜欢偷偷的穿父亲或兄弟的衣帽，又在女学校里演戏，喜欢自告奋勇的装扮男子。这类女性，纵然不致每一个都真的化为男子，但从性心理上说，世间女化为男的故事，大都从这上面出发。除了“阴阳人”的生理变化之外，真正的女子忽然化为“伟男”的，尽多传说，实际上却是不可能的。

女子在性情和色欲上逐渐以男子自拟，终至自认为男子或改男装的，这种变态行为，性心理学上都称为 Metamorphosis Sexualisparanaics 或 Sexual Leversion [inversion]。这种“性的变形症”，无论男人以女人自拟，或女人以男人自拟，所谓“雄妇人”或“雌男人”，都是有极强烈的同性恋嫌疑的。德国克莱佛特伊宾博士所著的 *Psychopathia Sexualis* 是研究变态性欲和色情综错的专门著述，书中收集近三百件的变态性欲的医案和鉴定报告，都是极翔实可靠的，包括着变态性欲的各部门，其中便有不少属于“性的变形症”的资料，有的是医生的报告，有的是病者或犯人的自述，男女都有，但结论不属于“半阴阳”的生理变化，即属于同性恋的心理变态，真正“女化为男”可说是少有的。

去年报纸上电闻捷克著名女运动家考勃诃伐女士，短跑八十米和八百米的世界纪录保持者，经过医生的几次手术，已逐渐变为男子，而且取得男子的国籍。细情我们虽然不知道，但可断定他不外是“男性假半阴阳”，却一向被视为女子而教养。所以在体力上能创造女子短跑的新纪录，而经过医生几次手术，就可恢复为男子了。不然，现代医学任是如何发达，化女为男的手术还是不存在的。

中国人对于“女化为男”的传统观念，多与劝善惩恶以及孝道有关系，所以行善多年，女儿可以“梦一老人，强纳一物于胯间，比寤后……”就化为“伟男”，或是女儿将嫁，不忍丢弃父母，合欢之夜也可以一旦化为男子。这类传说或记载很多，深入人心，所以上海前年便发现了东北的姚锦屏小姐，用一束破布缚在胯间，说是变成男子，害得新闻记者和医生大忙特忙，还要说“隔袴扪之，岸然伟男”，一直到用了迷药去检查，才知道是笑话。我想，我的《书淫艳异录》如果写得早一点，或不致使人这样上当了。

姚小姐事败后对人说，她这行为是想谋取职业，可以供养老父。她既然这样孝思，根据中国传统观念，我也只好任之，不便说她是“变态的性行为”了。

# 男 化 女

男化为女，和女化为男一样，在生理学上的解释，都是属于“半阴阳”之类，而在性心理学上，也都列入“同性恋”和色情颠倒症之类。不过在中国的传统观念上，大都认为“女化男”为吉兆，是行善孝思之报。而“男化女”，则认为是人妖，是阴人得势之兆。其实，人妖虽未必，不过男化为女，因了有许多是乔装的，或者简直是男妓，时常牵涉到风化问题，却是事实。

除了“女性假半阴阳”，一向被当作男子，一旦因了生理的变化，回复女性之外，其余男化为女的事，实是不存在的。

有些地方，买许多年幼的男孩，选择相貌姣好的，从小使他女装，或者用种种残忍的手术，压杀他的男子性欲，长成之后便充当男妓。这种“男妓”，有时喉头、声带和乳房，也会酷似女性，但这是人工的，实在不能认为“男化为女”。

其余，许多男化为女的传闻，与其说是生理上的，不如说是心理上的。一般溺于同性恋的男子，在在都要表现自己为“女性”，风流自赏，所谓“愿来生化作女儿身”，这种变态的色情行为，时常由心理上的作用，影响到生理上的变化。

关于“男化女”的记载，清人卢若腾的《岛居随录》，说得颇详尽：

> 男有化为女者，《华阳图［国］志》：武都丈夫化为女子，蜀王宠之至亡国。《汉书》云，哀帝建平中，豫章男子化为女子，嫁人生一子。献帝建安二十年，越巂男子化为女子。刘曜时武功男子苏抚，陕男子伍长平，并化为女子。隆庆二年，山西御史宋纁上言，静乐县民李良雨，娶妻张氏已四载矣，后因贫出其妻，自佣于人，隆庆元年正月，偶得腹痛时止，二年二月初九日是，大痛不止，至四月内，肾囊不觉退缩人腹，变为女人阴户，次月经水亦行，始换女妆，时年二十八矣。

这类记载，旁的书上也不少，如《京房易占》云男化为女，宫刑滥也。女化为男，妇政行也。又云，女子化为丈夫，兹谓阴昌，贼人为王。《春秋潜潭巴》云，男化女，圣人去位，女化男，贼人为王。

这类记载，照例归到气运和国家人事的盛衰上去，正是中国对付一切天灾人祸最典型的态度。

前几年欧洲曾出版一部传记，书名《男化女》，著者是丹麦人荷耶耳，叙述一个现代丹麦画家魏格纳变为女子的事，当时各报都有记载，周作人的《夜读抄》中也曾谈及这事。这画家最初是心理发生变化，觉得自己是个女子，经了几次手术，居然实现。但可惜不久就死了。其实，从他自己所谈的经过和施行的手术看来，仍不过是“女性假半阴阳”的变化而已。

# 谈精神分析学

提起弗洛伊德的“精神分析学”，我想，凡是对于现代心理学派以及现代文艺作品有兴趣的读者，大约总知道一二。近几十年，弗洛伊德的性的抑压作用和潜意识，对于心理学和文艺作品，实是一个深水炸弹，无论你是赞成或反对他的学说，无形中总要受他的影响。

关于他的学说，中文也有相当的译本。他的讲演稿《精神分析引论》，商务有高觉敷的译本，共六册，能翻阅一过，对于他的学说是可以一目了然的。将他的学说运用到文艺作品分析上的，有著名的摩台尔的《近代文学与性爱》，可说是以

"性"为主题来研究近代文学的专著，中文有开明书店的译本。此外，弗洛伊德本人曾有过一部自传，是研究他的精神分析学的重要资料。中文也有节译本，译者是前教育总长现在上海执行律师职务的章士钊。章氏是所谓老虎报《甲寅》的创办人，是桐城派古文专家，在北京时以复古维持礼教尽力与新派学者奋斗，今忽然翻译一部这样主张一切都是"性冲动"的著作，真是翻译界一大奇迹。章氏的弗洛伊德自传译本名《茀罗乙德叙传》，并非白话文，而是用桐城派的古文所译。艰涩深奥，古色古香，将精神分析译为"心解"，变态性欲者译为"媾变家"，性交时因忍精或遽受惊吓而得的病症译为"中媾截精"，实在典雅之极。"存文"同志可惜知道这书的较少，否则大可人手一编，琅琅而诵也。

弗氏的学说虽未可尽信，但他用这学术对于神经病的疗治却是可佩服的。只是他的"人类一切的行为，都是有意或无意的性行为的发泄或满足。成人是这样，小孩也是这样"，未免有点骇人听闻。因为照他的理论说起来，你向你的母亲笑一笑，或者你的女儿向你笑一笑，这其中都有"性的意识"潜在其中，未免有点太"那个"。

弗洛伊德生于一八五六年，今年已经有八十岁，是犹太籍的奥国人，希特勒秉政时大焚性科学书籍，他的著作也在内。他的精神分析学运用于神经病治疗和梦的解释最有成功。然而，尊崇他的人说他是“科学界的权威”，骂他的人说他是“疯狂”，都同样的过火。一般的读者，对于他的著作不妨作为一种新学术去涉猎，因了他的学说与日常生活，尤其是性生活极有关联，我们能涉猎一二作为谈话资料也是好的。不过，当然不能入迷。否则，梦见一切向上的物件都是“男性生殖器”的象征，一切有口能容纳物件的东西都是“女性生殖器”的象征，上楼梯是性交，滑了一交是手淫的化装，婴儿吃奶是对于母亲的“色情综杂”，那便要使你应接不暇了。

# 梦的象征作用

梦有象征作用，这是许多人都承认的。中国古代有占梦术，欧洲在希腊时代就有详梦的著述，埃及人更长于此道。上海愚昧的妇人，为了赌花会，常常睡在野外棺材旁边或者砍了婴儿的头去求梦，都是想从梦中的暗示，获得穷凶祸福的预兆。

我现在要谈的，却不是这类，而是弗洛伊德所主张的梦的象征作用，尤其是关于被抑压的性欲的潜意识，在梦中泄露的现象。

根据弗洛伊德的精神分析论，我们的潜意识，大都是不便

向旁人公开的，有时连自己也不知道，都会在梦中流露出来，有的是直接的，但大半是间接的，用着化装的姿态在梦中出现。这类化装的象征作用，大都是有一定规律的，尤其关于性的象征，弗洛伊德便给我们尽可能的指了出来。他说，有些梦，看起来是不伦不类，而且不相衔接的，但是我们如果了解它们的象征作用，便容易明白它们化装之下的真面目。

据他的，梦中的象征，代表整个人体的是房屋。房屋的墙如果平滑，则为男人，如果有棚架和洋台等则为女人。父母在梦中往往为帝王皇后或其他高贵的人物，生产的象征常不离水；或梦没水，或梦救人出水，这都是表现母子关系。死亡的象征为出发旅行。裸体的象征则反为衣服或制服。

男性生殖器在梦里有各种不同的象征。神圣的数目三，是整个男性生殖器的象征。阳具的代表，则为长形直竖之物如手杖，洋伞，竹竿，树干等，也有以刺穿性和伤害性的物件如小刀，匕首，枪矛，军刀等，种种火器，如枪炮，手枪等，因其形似，也是最妥切的象征。有时男性生殖器以水所从出之物为象征，如水龙头，水壶，泉水等，有时则以可拉长之物为象征，如滑车，活动铅笔等。

阳具因有违反地心吸力高举直竖的特性，所以在现代人的梦里，气球飞机以及齐柏林飞船，都是象征。此外，爬虫和鱼，有时是象征生殖器，则颇费解。蛇也属于这类。

女性生殖器则以一切有空间性和容纳性的事物为象征，如地坑洞穴等，又如缸和瓶等。各种大箱小盒，以及银柜口袋等，也属于此类。尤其是房间。房间象征女性正和房屋象征男性有关联，而门户则代表阴户。妇人的象征则为各种材料如木和纸，以及制造品如桌和书等。动物方面，蜗牛和蚌，可视为女性的象征。就身体的各部说，则嘴为阴户的代表；就建筑物说，教堂小礼拜堂，都是妇女的象征。

女性的乳房及臀部都以苹果桃子及一般果物为象征。两阴的阴毛在梦中则为森林丛竹。糖果常用以象征性交的快感。由自己的生殖器而得到的满足则以各种游戏为喻。手淫则以滑走滑动及折板为喻。尤可注意的手淫的象征则为拔牙。跳舞，骑马，登山及一切有节奏的活动，也都是性交的象征。

# 梦的分析

这几天在大谈弗洛伊德和精神分析学。对于一般读者，我想是相当有趣的。我们既然谈过了他的精神分析论，又谈过了梦的象征作用，现在不妨再将他所举出的梦的例证抄录一二，以资引证。弗氏的学说对于梦极重视，我们且看他用自己的学说如何解释一些普通的梦，分析梦中象征的意义：

一少女梦见自己正从厅上走过，其头忽和灯架相撞，以至血流如注。此事在现实的经验中确未曾有；她的说明有如下述，或可耐人寻味："你知道那时我的头发真令人可怕。昨天，母亲对我说，好孩子，果实如此，你的头将光秃如屁股了。"

弗洛伊德说，由这上面，可见其头实为体之下端的代替物。至于灯架的象征，不用说，我们自可了解：凡属可以拉长的物体，都是男生殖器的象征。因此，其梦的真意系指体之下端因与阳物接触而流血。

又，梦者在葡萄园中看见两个深穴，她知道此穴是拔去了的树根。关于这点，她曾说："树已不见了。"其意盖谓自己在梦中未见有树。但是这句话却表示着另一思想，可使我们相信其象征的诠释而无疑：其梦盖有关于性的幼稚的见解。以为女孩本来有和男孩相同的生殖器，后来因被阉割（即树根被拔去），所以有不同的形状。

又一例，梦者站在书桌的抽屉之前，抽屉是她所熟悉的，所以若有人动抽屉，她便可以知道。据此，书桌的抽屉，和一切抽屉箱盒同，都是女性生殖器的象征。她以为交媾之后，生殖器便露有此事的痕迹，深为她所顾虑，于是便有了这个梦。

又有一例，则分析得更详细而有趣：

> 这里又是象征作用的一个例子。但是我想于此将梦前的心境作一简要的叙述：一个男子和一个妇人发生恋爱，奸宿一夜。他说，那女人的品质是母性的，每当拥抱之时，即大有生孩子的愿望。但是他们幽会之时，却不得不

设法阻止精虫之侵入子宫。次早醒时，那妇人便述一迷梦如下：

有一戴红帽子的军官，方在街上追她，她力图逃脱，跑上梯子，而他则紧随在后，她气喘的逃入房里。将房门紧闭加锁，由锁隙中窥伺，看见他坐在门外凳上流泪。

红帽军官的追逐和女人的气喘上梯二事显然是交媾的象征。至于梦者将追逐者关在门外，则如梦中所常有的倒装作用的例子，因为在交媾完毕前即引身而退的实为男人。同样，她又将自己的悲痛之情，转移在男子身上，因为在梦里哭泣的是他，而他的眼泪则为精液的代表。

这实是弗氏分析梦的最好的例证。有趣的还很多，我也不便再多抄，读者如欲窥全豹，不妨买一部高氏的译本去研究。

# 性心理研究

我这里所说的“性心理研究”，是指霭理思［斯］的巨著：*Havelock Ellis*：*Studies in the Psychology of Sex*。全书一共有七册，二十余卷，近三百万言，是近世关于性心理研究方面稀有的一部巨著，材料搜集宏博，态度严谨，不偏激也不拘泥，于科学的探讨之中参以人情，趣味浓厚，立论正确，实在是谁也该翻阅一过的一部好书。

这书的第一册于一九一零年出版，直到一九二八年才出齐第七册。第一册是关于羞耻心的进化，性欲所发生的周期律的现象以及“自爱狂”的研究。还有三种附录，一是：月经对于

女性地位的影响。二是：男子性欲的周期律。三是：宗教中的自爱狂。

第二册是关于变态性欲研究，如男子和女子的变态性欲的理论和分析，各种变态性欲的研究等。有附录两种。一是：流浪人中间的同性恋。二是：女学生之中的“朋友”。

第三册是关于性冲动的分析，恋爱与痛苦的研究，女子的性冲动等。有附录两种，一是：野蛮人的性冲动，二是：性本能的发展。

第四册是关于男子性的选择的研究，如触觉，嗅觉，听觉，视觉等感官对于性选择的作用，各种特殊的刺激和嗜好等。也有两种附录，一是：接吻考，二是：性欲发达的例证。

第五册是关于性的象征如生殖器崇拜以及拜物狂等病症，性欲发泄的机能，妊娠的心理状态研究等。

第六册是研究性欲与社会的关系，如母性与子女，性教育，裸体与性教育，贞操的作用，禁欲问题，结婚问题，以及娼妓花柳病的研究等等。

第七册最后出，可说是余论和补遗性质。材料范围很广，据著者自序说，这都是多年研究的副产品，有时更牵涉到与性欲有关联的其他学科方面。

霭理思［斯］的这部巨著，最初曾在英国出版，立刻遭了禁止，于是移到美国发行，这才可以继续。但书版上也注明是专供医药和法律参考之用，一般读者概不发卖。另有一种一册的节本，则在美国流行很广，英国也可以发卖。但去年美国的莱顿号司书店出版了一种四巨册的新版本，有霭理斯的新序，说是定本。以前的七册本，每册平均要美金五元，这新版全部只售美金十五元，便宜多了，而且也似乎已经成了公开的不限制发卖的了。

霭理斯今年已经七十多岁。除了德国方面许多专门的关于性科学研究的著作外，他的这部《性心理研究》可说是英语中唯一最伟大的收获。这书日本早有春秋社的译本，可是内容少许有些删节。在中国方面，周作人先生曾再三推荐这书，但期望有中译本出现，却还是过早的事。

# 变态性欲解

变态性欲包涵的范围很广，举凡一切超越于常轨的性行为，都可称之为变态性欲。但严格的定义却不容易决定，而且现象也复杂到几乎不能归纳。文化程度的高下，社会习惯和特殊环境，使人类的性行为不易决定怎样是常态，怎样是变态。而且，性行为的定义也很广泛。若根据弗洛伊德的泛性论而说，则人类一切的行为，从婴儿时代以至老死，无一不与性欲有关，而且都是反常的变态的流露，可说谁都有点“变态性欲症”。

弗洛伊德的学说虽似乎过激，但有几点我们不能不承认。

一般人都以为“性欲”即“生殖欲”，这实不能混为一谈。生殖欲最大的活动固然由性欲而表现，但性欲的活动，除了两性交媾之外还有其他许多活动。最简单的，例如谁都知道接吻与性欲有关，但接吻却毫无“生殖”作用。根据这点，所以性欲的发生并不一定要待两性到达青春期。婴儿从落地就有性欲，他的吸乳，一面是营养作用，但从吸乳的动作上所获得的快感就是性欲的快感，婴儿时常偏爱母亲嫉妒父亲，更是以自己母亲作为性爱对象的潜意识的流露。老年人的生殖能力消灭，但性欲却反而有亢进异常的；这都是证明性行为的意义并不一定是生殖的，有许多纯然是“性欲”的要求。

变态性欲的发生，有许多是生理上的，但心理的条件却是主因。先天的性欲异常症极少见，一般的变态性行为都因了环境，教养和天气而养成。僧侣和军队中最容易发生同性恋，孤独者和苦学的专门家时常是“虐待狂”或“被虐狂”，低能儿和白痴时常犯兽奸或尸奸，都是说明变态性欲的养成重要原因在于生活。

变态性欲的范围很广，但大略分类可如下列：

同性恋——这是最普遍的一种，在男子中流行，在女子中也很流行。大都是一时的，鸡奸，男色，自渎，种种反常的性行为都从上面产生。由来很古，埃及希腊就有关于这类的记载了。

虐待狂和被虐狂——这是相反的两种行为。前者喜欢对于自己爱的对象施以虐待，如鞭打，口咬，以及磨难等，后者则甘心被自己心爱的人虐待而高兴。一般的打情骂俏，是这种病症最好的例证。

露体狂——患者多是少年，但也有成人和老年人。喜欢露出自己的肉体或生殖器，有的私下欣赏，有的喜欢在同性之间，有的更喜欢在异性面前暴露自己的生殖器。

窥觑狂——和露体狂相反，这是专爱偷看旁人的裸体或生殖器，无论同性或异性。公共厕所或浴室是这类患者的天堂。

拜物狂——少年人患者很多。专爱收藏或偷窥异性的零星物件如亵衣，内裤，手帕，甚而至于月经带，以及一针一纸，一丝一发等。通常这类人大都想像丰富，患有手淫症。

此外，如兽奸，尸奸，在某种特殊情形之下性欲始勃发的人，都是属于变态性欲范围。关于这一切变态行为的成因，现象，以及事实等，我想以后再分条细细的谈。在这里，我只想简单的说一句：诸位不必惊异，许多关于这方面的权威都肯定，每一个健康的人，多少总在常态之外，染有一点性欲变态症，据说这不过是所谓“换换口味”而已。

# 媚药和巫术

媚药的范围很广，纯粹刺激性器管的兴奋剂和麻醉剂是属于这类，而颇风雅的据说服用之后能使男女互相爱慕的药物实在也是媚药，不过这后者与巫术大有关系。本来，巫与医本是通的，不仅中国古代是这样，西洋也是这样。因此，古代西洋巫师营业最主要的项目，便是为人制造媚药，而这类药品大都附带巫术作用，正与中国流传的方剂相仿佛。一根头发能使人入梦，一碗鸳鸯肉能使夫妇和睦。此外，亵衣，裤带，甚至对方的唾吐和所踏过的泥土，一经巫师之手就会成为媚药，使人情不自禁。其实，这都是利用心理作用，是一种变相的性欲上的拜物狂而已。

坊间出卖的《中西戏法大全》，其中也有“美女入梦”或“令人相思法”之类，所用的手法也不外是剪女人的衣裳角烧灰，或者鸳鸯心悬在门上，使人无意从下面经过等等。说是戏法，实在仍是根据传说的迷信和巫术。

纯粹的媚药，即所谓“春药”，很光荣的说，东方人是比西洋人更在行的。一翻开中国古代的医书，谈到长生不老，或者延年益寿之法，便照例不免牵到“采补”上去，于是“房中术”，“房中药”，如“红铅”，“紫河车”之类便层出不穷了，不仅伪托的《素女经》上满是这类的药方，就是翻开《本草备要》，所举列的滋阴补阳的药品也是属于这类，而且带着浓重的神话和巫术的意味，如“肉苁蓉”和“淫羊藿”便是最好的例证。据注解说，前者是：

“产西方边塞上堑中及大木上，群马交合，精滴入地而生。皮如松鳞，其形柔润如肉。塞上无夫之妇，时就地淫之。此物一得阴气，弥加壮盛，采之入药，能强阳道……”

后者据说是“北部有羊，一日百合，食此藿所致，故名”，这真是信不信由你了。

此外，粤人所信任的“蛤蚧”和“海狗肾”等，倒是于

“迷信”之中而更带有世界性的。因为西洋古代罗马所流传下来的药方，以及埃及印度的传说，进而至于现代最“科学”的说明，都以为动物的生殖器睪［睾］丸等是最“滋补的”，所谓“霍尔蒙”“青春腺”，现代西洋的“春药”大都用着这样的假面具出现。

中西关于媚药原料的使用，更有一点相同的，便是使用蜂蜜和刺激的香料，据说有一种最古的埃及药方，便是用乳香，蜂蜜和胡椒配成。至于鸦片和酒类，那更是最基本的刺激剂，不过，这是对于偶然服用而言，有瘾的便消失这作用了。

关于媚药的详细的资料，手头虽然有着不少，但请读者原谅，我也想“卫道”一下，恕我只能这样概略的谈谈罢。

# 同性恋之谜

同性恋（Homosexuality）是变态性欲中最普遍，同时也是最复杂神秘的一种现象，有男女之分，男子与男子间的性爱称为男性同性恋（Uranism），女性与女性间的性爱称为女性同性恋（Tribadism），而且还有先天与后天之分，一种是暂时的现象（Pseudo homosexuality），另一种是真性的，至今还不能获得学理上的解释，故称为“谜”。据布洛讫博士说，他曾研究过许多真正有同性恋倾向的人，男女都有，仔细的考察他们的私生活，社会活动，实在与常人无异；更可惊的，这些人的心身都是很健康的，因此他认为是先天的倾向，尚无法解释，这些人的同性恋实不能与一般暂时的同性恋现象混为一谈。

所谓暂时的同性恋现象，大都与生活和环境有关，发生于荒僻的单调的缺少异性的生活中，如兵士，僧侣，狱囚，女尼等。这类同性恋都是为了解决性的饥渴，所以彼此都带有性的关系，有的互相交换，有的是甘愿献身。这种同性恋，在男性方面，便与“男风”，“男妓”差不多，完全是一种畸形的病态的现象。

但这种同性恋，一旦接触异性，或者结婚之后，便逐渐的消灭，所以是暂时的。真性的就不然，他们（或她们）大都是结了婚，社会的地位和经济情形都很好，而且婚姻也很美满，但他们（或她们）都另外有一个同性的知心的朋友，维持着一种秘密的关系，有的更自认绝没有性的关系。在男子方面，这种人并不厌恶女性，所以与女性憎恶症（Misogyny）显然有别。反之，他们也喜欢接近女性但不愿与女性发生性的关系，不过他们的身体状态却又是健康的。所以布洛讫博士称这类为真性同性恋，为难解之谜，认为是先天的关系，并不是变态。

近代研究同性恋的权威是侯希费耳特博士（Magnus Hirschelfd），他的收藏这类文献最丰富的性学图书馆，是当代研

究同性恋最珍贵的宝库，但是前年希特勒秉政时，大烧禁书，全部都葬送在德国愚昧的大学生火炬下了。

同性恋的流行，并不在下级社会。反之，许多上流阶级人物，如法官，医师，科学家，学者，都自认是同性恋者，坦白的写出了自己的同性恋生活，供专家研究。历史上著名的人物，有这种倾向而见诸记载的，更是很多，据可靠的记载，文艺复兴大师米格盎基罗便是其中之一。

据霭埋斯说，有许多娼妓，因了长期职业卖淫，对于男子的性交已感到麻木，没有性的愉快，她们便用手淫满足自己的性欲，大都成为“女性同性恋”。

我国闽广一带流行的“契弟”，江浙士女们的“十姊妹”，都是属于同性恋之列，不过前者有时近于“男妓”而已。

## 男性同性恋

男性同性恋，即所谓 Uranism，与男色（Paederasty）有别，因为后者纯然以性行为为目的，有时更是职业的，双方并无感情存在。但同性恋则不同，并不一定有性行为，而且双方时有一种“生同寝死同穴”的神秘关系存在，近于秘密结社性质，有时更是集团的行为，彼此有一种神圣不可侵犯的感情，对于外界的闯入者或窥探者，时常要加以生命的威胁。

据说法国大文豪雨果曾经有过一次这样的经历。他那时正住在巴黎的 Rue Jean Goujon，喜欢一人在路上吟诗，他每一夜和朋友分手后，总要经过一条冷落的小路，缓步回去。他时常发现路旁人注视他，但是从来不和他说话，而且也不类歹人，所以他也置之不问。有一夜，他索句不得，正在停步苦思的时候，路旁的树丛中突然走出一人，很有礼貌的向他说：

“先生，我们请求你不要再在此地逗留。我们知道足下是谁，但是我们深恐我们之间不认识你的人或会使你不便。”

“你们在此地干些什么？”雨果问，“每晚我见有人在此地徘徊，然后隐入树丛中去。”

对方简单的回答：

“请你不必过问，先生。我们并不惊扰他人，也不侵犯他人；但是我们也不容许他人惊扰我们，侵犯我们；我们是在我们的地界以内。”

雨果心里明白了，他点头为礼，悄悄的走开了。

隔了一晚，他又走过附近的另一条小路，不料路口却给椅子塞住，用绳缚着。

“此路不通！”有人这样威吓的喊着；但是另一个声音却又和缓的接着说：“我们请求雨果先生这趟绕道而行罢。”

当时的巴黎，这类大规模的男子同性恋结合很多，而且公然举行俱乐部跳舞会，许多王公大臣贵族和有势力的土痞都参加，所以警察也奈何不得。

世界男子同性恋最盛行的要算德国了，直到现代还是这样。前年希特勒清党时，许多重要人物被捕时大都拥着娈童作乐，便是一个明证。据布洛讫博士报告，一千九百年的德国全部人口总数是五千六百三十六万七千一百七十八人，但是其中有同性恋倾向的竟有一百二十万人；柏林的全部人口是二百五十万，其中五万六千人是同性恋者。柏林的咖啡馆，食堂，土尔其浴室，便是这辈的大本营。侯希费尔特博士的大著《柏林的第三性》，便是专门研究这现象的。

真正的同性恋者，大都是终身的，这倾向从小就发现，直到老死。虽然结婚能暂时阻止，但日后总要再现。据说这类人从小就有女子倾向。大都像貌娟好，性格温柔，从事比较和缓或近于女性的职业，此外发育上更有一点特征，通常男子的两肩总较臀部阔大，女性则臀部阔过肩部。但男子有同性恋倾向的，则肩部，往往与臀部一般阔。

同性恋不仅在文明人中流行，未开化人也有这类现象，而且上流社会的比例较下流人大，多数同性恋的男子都是身体健康，出身高尚，这实是一种难解的现象。

德国的卡尔希（F. Karsch）曾对于同性恋作广泛的世界人种的研究，曾写过一部《亚细亚东部民族的同性恋生活：中国，日本和高丽》，于一九零六年出版，可惜笔者至今还不曾见过这书。

# 男性同性恋例证

中国历史上有不少关于男性同性恋的记载，如安陵龙阳，陈子高董贤等，然这大都是帝王的幸臣，与其说是同性恋，不如说是男色。英国唯美派文学首倡者王尔德，被道格拉斯爵士控诉诱奸其子，因而王尔德被判监禁，哄动文坛，更是近代英国关于男子同性恋最著名的案件，不过因了风化和原告家族体面关系，个中详情如何不得而知。但关于一般人士的，克莱佛特伊宾（Dr. Krafft Ebing）所著《性精神病论》所举例证颇多，大都是医生的报告或病人的自白，极详确可靠，兹摘译数则，以见男性同性恋者的实生活：

（一）Z君，三十六岁，批发商人，父母身体健康；心身发育中等；十四岁时自动开始手淫；十五岁时，开始热烈注意同岁大小的男孩。从不注意异性。

二十四岁时第一次至妓院，但见了女人的裸体后就逃避了。

二十五岁时，与自己有同病的男子发生性行为（热烈拥抱以求射精，有时互相手淫）。

为了商业事务及治疗自身变态性欲之故，二十八岁开始结婚。藉想像之力（想像对方为一美少年），始能与其妻作健全的交媾。生一儿后，他又逐渐与妻远离。同性恋的感情和思想又开始活动，于是他以手淫来压服。

他爱上了一位少年，为了自己身体的健康和事业，病人才开始来医所求治，他也喜饮酒。

医生劝他戒酒，断绝手淫，竭力和其妻接近。至不得已时，至多与男子接吻拥抱。努力作心理上的矫正。

（二）T君，三十四岁，商人。九岁时，一同学教他手淫，开始与同榻弟兄互相手淫，又试行鸡奸。十四岁时，爱上一个十岁的同学。十七岁后，开始厌恶美少年，注意龙钟的老年人。

有一夜，他听见他年迈的父亲因性的满足而呻吟。他想像他父亲的性交情形，非常兴奋。从此老年人同性恋的行为时常入梦，因而遗精，这种现象又在手淫时呈现在他的眼前。年岁愈老，愈能激刺他的性欲，有时甚至射精。二十三岁时，他想藉娼妓矫正自己的恶习，但不能举，厌恶少年人。

二十九岁后，爱慕同性老年人的心愈烈。认识一老人，陪他散步，有时竟引起射精。最后，竟异想天开，雇用一老人，使其与人性交，自己在旁观看，引以为乐，有时也能藉此自举……

（三）P君，三十七岁。从小就爱和美俊少年人接近，尤爱偷窥他们的生殖器，引起兴奋。发育后，和其他男子互相手淫；但对方以二十五岁至三十岁为度。在性行为中，他总以女子自居。他充满了女性的爱，有时觉得是舞台上的一个化装男性而已。旁的男子因他的“女人腔”而讥笑。为了矫正自己的怪癖，他结了婚。他努力使自己和妻子接近，想像她是一个少年人……

伊宾博士的书中例证颇多，有四五十则，大抵的倾向都是这样，伊宾博士对于同性的见解，与布洛讫等人不同。他否认“先天说”，他以为一切同性恋都是病态的，都可以治疗痊愈。

# 女性同性恋

女性同性恋，即 Tribadism，又因了古希腊女诗人莎孚（Sappho）与女弟子群居列斯堡岛，有同性恋的传说，所以女性同性恋又称“莎孚主义”（Sapphism）或 Lesbian lovers。据侯希费尔特、布洛讫等人的研究，真性的女性同性恋，较男性为少，而一种暂时的现象，则与男子的比例差不多。女子同性恋者，在近世与女权运动，妇女运动有关，她们要求与男子取得平等地位，便不得不在各方面努力，同时更对于男子的能力作种种分析和指摘，这便引起女子对于男子的轻视和反感，因而有了同性恋的流弊，这倾向在智识妇女方面尤其显著。

女性同性恋在上游社会发生的大都是精神上的，不一定有性行为，即所谓“柏拉图式的同性恋”（Platonic tribades）。据说外国有些贵族妇人，专爱收容一两个女伴或养女，或者是年轻的女优，供给一切费用，带了出去散步或观戏。若是女优，则待她上台时，自己坐在下面眉来眼去，引以为乐。我国的“干妈”和“干女儿”可说也有点这种嫌疑。

和柏拉图式相反则另有一种女性同性恋以性的满足为目的，这其中除了娼妓，孤独的职业妇人，春情期的少女，更有不少已婚妇人。这可说全然是病态的，性欲满足的方法大都是手淫，或以阴核互相磨擦名曰擦淫（我国俗语名曰磨境），这是和风化有关的。据日本田中祐吉的《近世法医学》（有商务上官悟尘的中译本）上说：

> 女子互相摩擦其阴核及阴唇之内面，或以……者，曰擦淫，多行于监狱，寄宿舍及驱梅院等女子群居之所，又有所谓莎孚主义者，为希腊太古女诗人莎孚之所好，故有此名，即以舌吸弄摩擦阴核之丑行也。今日法国，尚有此风，甚至有以此营业者云。女子反复擦淫之结果，相互间遂生恋爱，其交情恰如夫妇，凡悲喜哀乐皆共之，其甚者竟至于相携而情死焉。此外亦有因色情颠倒，同性相爱，

而耽于擦淫者，此种妇女常嫌弃男子，虽有美男，亦不足动其情爱，因只恋同性之妇女，使其接触摩擦自己之阴部，或使吸弄其阴核，以遣其情，此等女子其身体状态，恰如男性，骨骼肌肉发育较强，乳房，盆骨狭，有时鼻下及颈部发生粗毛，其举止动作活泼，而无优婉温柔之态，不喜缝袵烹饪之事，能好从事于科学政治等……

田中祐吉的著作，所根据的便是我已引用过的诸人的著作，所以无甚出入。据布洛讫博士说，女性同性恋另有一特征，即对手时常更换，据一位年长的同性恋者书面报告，她在四年之中换了三个“爱人”，大都是嫉妒作用。

同性恋在下等娼妓中非常流行，而且都是“擦淫”的实行者。这种现象，据霭理斯等人的解释，职业卖淫妇因长期卖淫，对于男子的性交感到麻木，失其愉快，故不得不向同性中互求安慰。更有一重要原因，则因下等娼妓所遭遇的男人，大都粗暴酗酒，专为发泄性欲而来，不知温柔为何物，久而久之，此等娼妓以为男子性格大都如是，见而生畏，引起反感，故往往溺于同性恋云。

# 一个寂寞妇人的感想（上）

下文载布洛讫博士的名著《我们这时代的性生活》一书中，为说明女性同性恋生活最可珍贵的文献：

> 生长于乡村，一个商人的女儿，我成为一个很梦想的人，用一种不绝的渴念追求着一些不知的美丽的伟大的事物——希望能成为歌唱家或艺术家。十二岁时，我已经完全是“妇人”了，发育得很丰美。虽然还是孩子，却时常有一种不能统制的愿望，希望能有一位可爱的女性来拥抱我，和我接吻，我要用爱和自我牺牲的情感对待她。十三岁时，我和亲戚住到一个省会里，进了一年的女学校，没

有一个人曾经实现我的梦想。我母亲，在我三岁时就守寡了，因了有六个孩子的牵累，遭受着严重的经济困难。哥哥和姊姊们都结婚之后，二十四岁的我，便开始去入世独立谋生。我在一位寡妇家中谋得了位置，充她的“女伴”。我的东家，已经是六十岁的老妇人，最初并不使我同情，但她用和爱慈母般的态度对待我，这使我高兴了。渐渐的我成了她的知己，每晚要我和她同睡一床；要我用手抚摩她。我不明白那时我怎样敲她的腿部；但有一夜这老妇人将我的手引到了她的私处。于是我才明白这妇人的春情还在。我感到她在我的抚摩之下怎样战抖，紧紧的将我拥抱；但在我一方面，我并不感到甚么。如果她的年岁与我相仿，我想那就要不同了。我那时并不感到，在“生理上”我与旁的女孩子有别。我有一种对于爱情难遏止的愿望，不是直接官能的爱，而是精神上的爱，由这上面日后或可发生官能的爱。在我的同伴中有一个少年商人，一个美少年，他向我追求，于是经过长久踌躇之后，有一天我终于应允了他，将妇人最可贵的东西呈给了他。他用着残暴的贪婪占有着我的肉体。我始终以为他会娶我做妻子。在性交中我毫无感觉，因此失望了。有一天这骗子对我说他要结婚了，要我交还他的戒指，可以给我钱。我一怒之下，觉得孤独无援，伤感万分，便将戒指掷还他，辞职走了。

当我到了柏林之后，我开始听到而且也读到关于同性恋之事，但是却寻不到我梦想的——这就是说，精神上的爱，从这上面可以发生官能爱的。我认识了同性恋的妇人，但是她们向我所显示的那种狂暴猛烈的热情，使我虽然渴望“同性恋爱”，也不为所动。只有和我要好的妇人接吻，我才感到一点快感，但是我却感不到因我的原故所给与他们的那种狂乐。我开始怀疑自己，虽然是常态发展的妇人，是否老天不曾赋给我这种特殊的官能。我爱美貌的妇人，希望能与她们接吻拥抱，而且我也认识那种以金钱出卖给别种妇人的妇人。我厌恶这些人，从不发生好感，因为她们只知道粗暴的官能享乐，而我对于这是没有反应的。

# 一个寂寞妇人的感想（下）

几年之前，我患过很严重的腹病和神经衰弱症。我已经是年逾四十的人了。经过一场两年的大病之后，我依旧还有同性恋的欲望。我迄今的生活都是不幸，返复自问，老天为何这样的虐待我。难道仅有一次对于这种刺激的享受也是不可能的吗？

几星期之前，我认识了一位已婚的妇人，她丈夫几年以来就患着阳萎症，而她却是个情感丰富的人。不幸之至，这妇人虽然在其他方面使我同情，但她所受的教养似乎不十分好，而更使我惊骇的，她另有一位闺中密友，这妇人是完全无教养的，但在性爱方面和她同嗜，于是她每晚和这夫妇二人同睡一床。这丈夫睡在一旁，两个妇人耽溺着她们的变态淫乐，这女友作为是“男子”。我在一生中曾见过不少古怪的事，但是这样的一种结婚生活却是创见。这男子自称艺术家，是画家，任着他妻子度这种同性生活。我相信这男子看见这两个妇人的行为，自己一定也感到兴奋，他根据了她们的姿势作画，然后出卖以维持生活。

在这人的家中，我以为简直是深渊，但是有许多同性恋的妇人还时常来走动。在我方面，我虽然为这些妇人扰乱了我心中的安静，虽然也感到相当的陶醉，但是那情况太使我厌恶——因为她已沉入她自己不能领略的深渊中去了。只有从我方面，她才有一点了解。但是和她续继往还是不可能的，因为她缺少我心目中以为可爱的妇人的一切长处，实际上，我简直有点嫉妒这妇人，因为她是快乐的，她充分的享受着上天所吝给我的那种甜蜜的感觉。

世上再有像我这样不幸的人吗？也许如有一位与我有同感的妇人和我做朋友，我或者能幸福，如果命运肯使一个不幸的妇人与我相遇的话。我希望着，但是我不致相信这样的事会实现。

我到底是属于那一种“性的人?”

这篇自白是翔实可靠的。据布洛讫说，从这妇人的历史上，可以看出思想的原则特别显明。她绝对恨恶男性，不像有一些同性恋者以男子自拟，或将对手当作男子。据说这正是强烈的女性性格的表现。

# 《圣经》与猥亵（一）

英国大诗人密尔敦曾说过："《圣经》时常以不十分文雅的态度叙述亵渎的事；对于罪人的肉欲却出以温婉之笔"，这是实在的。《圣经》除了作为是一部宗教的经典之外，更是一部极美的文学作品，极丰富的故事集，同时更是研究古代生活习俗的极好的参考资料。《圣经》的记述者为了要阐明善恶的赏惩，先民的制度和立法，故对于恶人的罪行记载得很坦白，尤其在《旧约》中，因了当时的风俗习尚不同，许多记载不仅使一位初读《圣约［经］》的少女脸红，使教外的道德家摇头，甚至有些地方使牧师也难于讲解。

《圣经》除了所记的淫恶罪行之外，对于婚姻制度性道德问题以及贞操问题也都有规定和训言。《旧约》和《新约》不同，而各种教派所根据的解释又不同。英人诺斯柯特（Hugh Northcote）曾有一部专著《基督教与性问题》（*Christianity and Sex Problems*），便是关于这方面研究的。

现在一般教徒所用的通行本《圣经》，已经是所谓“洁本”，经过相当的删节，但仍有不少猥亵的记载，如乱伦，男色，强奸等，兹根据上海圣经公会颁布的中译本，加以引证和分析。

譬如说，男色或兽奸，英文称为 Sodomy，德文为 Sodomie，“所多玛”是一个城名，这典故就出在《圣经》上；据《旧约·创世记》第十九章所载：

> 那两个天使晚上到了所多玛，罗得正坐在所多玛城门口，看见他们，就起来迎接，脸伏在地下拜说，我主啊，请你们到仆人家里洗洗脚，住一夜，清早起来再走，他们说，不，我们要在街上过夜。罗得切切请他们，他们这才进到他屋里。罗得为他们预备筵席，烤无酵饼，他们就吃了。他们还没有躺下，所多玛城里各处的人，这老带少，都来围住那房子，呼叫罗得说，今日晚上到你这里来的人

> 在那里呢！把他们带出来，任我们所为。罗得出来，把门关上，到众人那里说，众兄弟，请你们不要作这恶事。我有两个女儿，还是处女，容我领出来任凭你们心愿而行……

那时的所多玛城，罪恶滔天声闻上帝，这里众人所说："把他们带出来，任我们所为"据考证便是指"男色"，所以善人罗得劝众人不要作这恶事，宁可以自己的女儿交给众人。所多玛城既如此淫乱，故随即被上帝降硫磺天火烧了，但罗得的一家人却得了救。"男色"称为"所多玛"就是本此。

# 《圣经》与猥亵（二）

《圣经》中关于乱伦的记载颇多，如《创世记》十九章三十节所载：

罗得因为怕住在琐珥，就同他两个女儿从琐珥上去住在山里，他和两个女儿住在一个洞里。大女儿对小女儿说，我们的父亲老了，地上又无人按着世上的常规进到我们这里。来，我们可以叫父亲喝酒，与他同寝。这样，我们好从他存留后裔。于是那夜她们叫父亲喝酒，大女儿就进去和父亲同寝，她几时躺下几时起来，父亲都不知道。第二天，大女儿对小女儿说："我昨夜与父亲同寝，今夜

> 我们再叫他喝酒，你可以进去与他同寝。这样，我们好从父亲存留后裔。”于是那夜她们又叫父亲喝酒，小女儿进来与他父亲同寝，她几时躺下几时起来，父亲都不知道。这样，罗得的两个女儿都从父亲怀了孕……

这罗得就是前说的那罗得。生女与父亲同寝，这种乱伦的行为，虽然为了续后，但到底是不足法的，所以这行为虽然受上帝的惩罚，但养下的两个儿子摩押和亚米，上帝都在他们身上降了刑罚。

此外，如《撒母耳记》下第三章：

> 一日，伊施波设对押尼珥说：你为什么与我父的妃嫔同房呢？

《创世记》第四十章：

> 但你故纵情欲，滚沸如水，必不得居首位。因为你上了你父亲的床，污秽了我的榻……

子淫父妃，这类都是属乱伦的。而以色列人的始祖亚伯拉罕，更与他的堂妹结婚，这见《创世纪［记］》二十章第十一节：

> 亚伯拉罕说：我以为这地方的人总不惧怕上帝，必为我妻子的原故杀我。况且她也实在是我的妹子，她与我是同父异母，后来作了我的妻子。

又有，犹大将他的寡媳他玛误作妓女，与她同房，因而有了孕，也是属于乱伦的，见《创世记》三十八章第十四节以下：

> 他玛见示拉已经长大，还没有娶她为妻，就脱了她做寡妇的衣裳，用帕子蒙着脸，又遮住身体，坐在亭拿路上的伊拿印城门口。犹大看见她，以为是妓女。因为她蒙着脸，犹大就转到她那里去说，来罢，让我与你同寝，他原不知道是他儿媳。他玛说，你要与我同寝，把甚么给我呢？犹大说，从我羊群里取一只山羊羔，打发人送给你。他玛说，在未送以前，你愿意给我一个当头么？他说，我给你甚么当头呢？他玛说，你的印，你的带子和你手里的杖。犹大就给了她，与她同寝，她就从犹大怀了孕。……约过了三个月，有人告诉犹大说，你的儿媳他玛作了妓女，且因行淫有了身孕，犹大说，拉出来把她烧了。他玛被拉出来的时候，便打发人去见她公公，对他说，这些东西是谁的，我就是从谁怀的孕。请你认一认，这印，和带子并杖，都是谁的，犹大承认看，她比我更有义……

从这故事的上面，不仅说出犹大的荒唐，他玛的幽默，而且更可间接知道当时的卖淫制度，妓女的服饰，以及对待寡妇通奸的刑罚。

# 《圣经》与猥亵（三）

更骇人的，是大卫的儿子诱奸他堂妹的故事，情节曲折，简直是现代报纸绝妙的桃色新闻，据《撒母耳记》下十三章所载：

> 大卫的儿子押沙龙有一个美貌的妹子，名叫他玛，大卫的儿子暗嫩爱她。暗嫩为他妹子他玛忧急成病，他玛还是处女，暗嫩以为难向她行事。暗嫩有一个朋友，名叫约拿达，为人极其狡猾，他向暗嫩说，王的儿子啊，为何一天比一天瘦弱呢？请你告诉我。暗嫩回答说，我爱兄弟押沙龙的妹子他玛，约拿达说，你不如躺在床上装病。你父

> 亲来看你，就对他说，求父叫我妹子他玛来，在我眼前预备食物，递给我吃，使我看见，好从她手里接过来吃。于是暗嫩躺卧装病，王来看他，他对王说，求父叫我妹子他玛来，在我眼前为我作两个饼，我好从她手里接过来吃。……他玛就把所作的饼，拿进卧房，到她哥哥暗嫩那里，拿着饼上前给他吃。他便拉住他玛说：我妹妹，你来与我同寝。他玛说，我哥哥，不要玷辱我，以色列人中不当这样行，你不要作这丑事你玷辱了我，我何以掩盖我的羞耻呢？你在以色列人中也成了愚妄的人。你可以求王，王必不禁止我归你。暗嫩不肯听她的话，因比她力大，就玷辱她，与她同寝。

这种用计强奸自己堂妹的血族乱伦案，就是现代也是少见的。更可异的是，他玛所说："你可以求王，王必不禁止我归你"，则似乎兄妹通婚，那时已不算怎样违法的事了。

其实，血族通婚，在原始人中原是通行的，而弟兄二人合娶一妻，或是哥哥去世，兄弟承接嫂嫂为妻，更是法定的权利，如《创世纪［记］》三十八章所载：

> 犹大的长子珥，在耶和华眼中看为恶，耶和华就叫他死了。犹大对俄南（次子）说，你当与你哥哥的妻子同

房，向她尽你为弟的本分，为你哥哥生子立后。俄南知道生子不归己有，所以同房的时候，便遗在地上，免得给他哥哥留后。

这正是当时的习俗。但可惊异的是，那时的人已经知道将精液遗在地上作为避孕的方法。

# 《圣经》与秽亵（四）

以色列人出埃及以后，上帝便藉先知摩西的手，立下许多约法，其中与血族通婚以及乱伦兽奸等有关的是——如《利未记》十八章所记：

> 你们都不可露骨肉之亲的下体，亲近他们，我是耶和华。不可露你母亲的下体，羞辱了你父亲，她是你的母亲，不可露她的下体，不可露你继母的下体，这本是你父亲的下体，你的姊妹，不拘是异母同父的，是异父同母的，无论是生在家生在外的，都不可露她们的下体。不可露你孙女，或是外孙女的下体，露了她们的下体，就是露

你自己的下体。你继母从你父亲生的女儿，本是你的妹妹，不可露她的下体。不可露你姑母的下体，她是你父亲的骨肉之亲。不可露你姨母的下体，她是你母亲的骨肉之亲。不可亲近你伯叔之妻，羞辱了你伯叔，她是你的伯叔母。不可露你儿妇的下体，她是你儿子的妻，不可露她的下体。不可露你弟兄妻子的下体，这本是你弟兄的下体。不可露了妇人的下体，又露她女儿的下体，也不可娶她孙女，或是她的外孙女，露她们的下体。她们是骨肉之亲，这本是大恶。你妻还在的时候，不可娶她的姐妹作对头，露她的下体。女人行经不洁的时候，不可露她的下体，与她亲近。不可与邻舍的妻行淫，玷污自己。不可与男人苟合，像与女人一样，这本是可憎恶的。不可与兽淫合，玷污自己。女人也不可站在兽前，与他淫合，这本是逆性的事。

在同书第二十章内也有类似的申诫，而且说明犯了的都要用石头打死或是烧死。从这样不厌琐细的反复申诫中，可看出当时过着游牧生活的以色列人是如何淫乱，盛行乱伦，男色，更有女子的兽奸。

这种淫乱的行为，到了耶稣降世以后更盛行，当时的罗马

正是淫乱奢靡的魔窟，所以使徒保罗在《致罗马人书》中咒诅着说：

> 因此上帝任凭他们放纵可羞耻的情欲。他们的女人，把顺性的用处变为逆性的用处。男人也是如此，弃了女人顺性的用处，欲火攻心，彼此贪恋，男和男行可耻的事，就在自己身上受这妄为当得的报应。

又在《致哥林多人前书》中说：

> 风闻在你们中间有淫乱的事。这样的淫乱，连外邦人中也没有，就是有人收了他的继母……

据说前者所指，便是女子同性恋和男子同性恋。当时罗马人的变态行为由此可见。

整个的《圣经》，《新约》和《旧约》，类似这种关于性生活和猥亵的记载还很多，不便一一摘录。抛开宗教的立场，对于研究民俗学的人，《圣经》实在是一部引用不尽的宝藏。（本节完）

# 萨地小传

萨地，为萨地主义（Sadism 即虐待狂）命名的由来，他的生活知者颇少，而且传说纷纭，兹根据几种可靠的传记，作一简单的萨地小传如后，以为研究变态性欲者的参考资料。

萨地的全名是：都拉丹·亚尔封斯·佛兰西斯，萨地侯爵（Donatien Alphonse François，Marquis de Sade），一七四零年生于巴黎，出身于很古旧的一个著名的贵族家庭，他的家庭在武功和文事方面都很知名。据拉克洛亚氏（Lacroix）说，“这个可爱的少年，他的细致苍白带黑的脸，辉耀着一对大而黑的眼珠（一说蓝色），已经显露着葬送他一生的那种罪恶的影

子”。他的声音是“迂缓而使人亲切”，步履是带着“温静的女性优雅”。可惜的是，并没有正确可靠的画像流传。离开学校后，他曾投军任骑兵军官，参加德法的七年之战。这种生活曾影响了他的畸形性格的发展，是毫无疑问的。他父亲给他订了一位另一贵族的女儿为妻，这女儿年方二十，偶然凑巧，萨地第一次到他未婚妻家中去，未婚妻不在，只见了她的一个十三岁的妹妹。萨地一见倾心，立刻爱上了这妹妹，而女的方面也有反应。女孩子的歌喉极好，他们两人都是音乐爱好者。但双方家长都坚持原有婚约。萨地结婚后，妻子很爱他，但他却很淡漠。

萨地继续恋爱他的小姨，这时她已经住在尼庵内无法接近，他将她誉为“朱丽叶”，后终如所愿，这可说是他一生最快乐的时候，但不久女的就去世了。

这种不幸的婚姻和遭遇，无疑的决定了他的命运。他放浪形骸，无所不为，有时与贵公子为伍，有时又加入下流的侪伴。综他一生，他一共在狱中度过二十七年光阴，然所犯的罪并不如他自己所设想或后人所想像的那样严厉。他最大的控案不过是引诱一个女丐入室，作猥亵行为，更加以鞭挞。又有一次是在马赛的妓院中浪用春药。

他自小就爱写作，二十三岁时已正式从事著述。因为在狱多年，与实生活隔阂，他的想像愈加丰富，根据他自己畸的形实［畸形的现实］生活，他便写下了多部变态性爱小说，这些小说综合起来可说是一部十八世纪的变态性欲百科全书。

据布洛讫说，萨地可说是第一个认识性问题的重要的人。他曾说，人的罪行有许多是由于先天的遗传或生理发育的不全，对于这类罪人，若仅依据一般法律加以裁判，实为不公。

他同情法国大革命，曾发行小册子攻击拿破仑，遂被拿破仑认为疯人，终身加以监禁。这是政治上惯用的卑劣手段。其实他是不疯的，许多医师都证明，萨地至多患精神衰弱症而已。当时的妇人对于这位“虐待狂的魔君”颇多同情，曾发现有许多贵妇人作书请求释放萨地。

萨地死于一八一四年十二月二日，年七十四，晚年已近于双目失明。据狱中的一个园丁记述，萨地在狱中，每喜购置极珍贵的玫瑰花，坐在狱中一方污水池的旁边，将这些花朵逐一加以审视，送到鼻上狂嗅，然后浸入污水中，引以为荣。

他死后，脑壳曾由脑相学者加以研究，据说其形端正而小，几乎是妇人的。这脑壳为伦德医生（Dr. Lunde）所收藏，但在十九世纪中叶忽然失踪，由另一个医生潜携至英国，大约直到今天还在英国什么地方被保存着。

# 萨地主义者

P君，年二十二岁，父亲健康，母亲却有显著的歇斯地里症。他有一个哥哥，一个姊姊。他自己很健康，聪明，而且很漂亮。

在四五岁时，有一次偶然推开一扇房门，看见他的姊姊，那时已有十四五岁了，跪在她的保姆面前，下衣揭起，大约为了什么过错正在挨打。这偶然的遭遇给了他很深的印象，他一切都记得很清晰，尤其是他姊姊的臀部——浑圆，白皙，在他孩子的眼中觉得异常肥大——这一瞬间的印象便决定了他终身性生活的方向。

从这以后，他老是渴望抚摩他姊姊的臀部。他和她睡在一床，虽然还是孩子，他已经知道用极小心的方法达到他的目的，不使他姊姊发觉，在她沉睡的时候揭开她的睡衣，轻轻的抚弄她的臀部，有时更设法使他姊姊覆身而卧，他便将她的屁股当作枕头。

这情形一直继续到七岁，他开始和邻居的两个女孩子熟识起来，大的一个有十岁。他和她们游戏，自己总要扮作父亲，责打她们。大的一个女孩是早熟的，他总解开她的衬裤，用着很快意的感情打她。他时常反覆这种游戏，两个女孩子也任他打，他们总是在暗处举行，有时女孩子自己揭开衬裤，任他用手抚弄她的臀部和大腿。有时他更用一根软软的鞭子。有一次，女孩子问他愿意看看她的前面，但是他拒绝了。

有一天，在八九岁的时候，他和一个男孩子在一处，无意看见一张中世纪僧人鞭挞自己的图画，便要求他的朋友照样打他。那孩子也愿意干，于是他们便时常这样做。从此不手淫，也不想到性交。偶尔在公共场所发现鞭打的事，他便很满足。有时偷看女孩子的大腿和臀部；如果对手是妇人，那更使他满足。

他的最大的享乐是想像。他时常编造一些以鞭打为中心的

故事。十三岁时，这种故事已能使他感到性的冲动。他曾写过以鞭打为主要的喜剧，更由自己加以插绘。他到图书馆中搜集与鞭打有关的文献，曾经编过一篇很详细的参考书目。

他尤其喜爱妇人鞭打妇人的场合，他以为应该双方都有快感。

近来渐渐矫正了。他结识了一个妇人，这妇人很爱他，他将自己的特殊酷好告诉了她。她帮助他疗治，用一根软橡皮棍，使他在性交的时候轻轻的打她。

以上所述，见利吉斯（E'keyis）所著《一个萨地主义者》，霭理斯曾加以引证，说明一般的虐待狂患者，大都是幼时从家庭中所获得的激刺。

# 虐 待 狂

虐待狂，即 Sadism，有人译作“施虐癖”，章士钊译作“虐淫”，又有直译作“萨地主义”者。命名的由来是因为法国十八世纪有一位作家名萨地（Marquis de Sade）者，写过许多关于这类变态性欲的小说，后人即名之为 Sadism。

所谓萨地主义（即虐待狂），就是对于他人施以种种虐待，如鞭打口咬等，因而引起自己的快感或性冲动。这种患者男女都有，被虐的对手或为爱人或为无关系者，甚至有对牲畜施以虐打，而自己获得性的快感者，故萨地主义者时常构成刑法上的犯罪。

萨地主义与纯粹的残暴有别。残暴的目的只在实行“残暴”的行为，作为报复或发挥威力而已。萨地主义者的虐待则纯然以“性的快感”为目的，有的从虐待他人的行为上获得性的满足，有的更必要于爱人施以种种虐待，方始引起性冲动，否则即麻木毫不感动。

故虐待狂与被虐狂（即 Masochism，马索主义）为对立的，一以虐人为乐，一以受虐为乐，二者有时更有很大的关联。

关于虐待狂的定义，诸家各有出入，如克莱佛特伊宾（Krafft-Ebing），摩耳（A. Moll），费拉（Fere），加奈耳（Garnier），布洛讫（Twan Bloch）等人，都各有自己的定义，霭理斯曾在他的《性心理研究》第三册《恋爱与痛苦》中加以比较，不过补充着说，虐待狂的行为，并不一定要本人亲自去施行，有时由第三者施行，自己作为旁观者，甚至在无意的场合中，如由窗口见儿童被父母责打，或者在刑场上见犯人行刑，均可引起性的快感，以至射精。

据布洛讫说，虐待狂最普遍的现象是鞭打，即听见旁人的辗转呼号能引起自己性的兴奋，甚者必将自己的爱人鞭打见血，返复求饶，然后始与性交，至于口咬手拧，还是不足为奇的现象。此外，虐待狂又可作以下的分类：身体加害，患此者专喜身怀利器，于路上或暗处，乘人不备，对于单身妇人或少女加以刺伤，自己引以为荣或随即手淫，然杀人致死者则少见，有之亦不过是误伤或被发现被逼而杀之而已。另一种是物件的加害，即喜以硫酸镪水等猛烈性液体，浇女性的衣物或用具，尤其是晒在外面的亵衣，另有一种属于性的盗窃症(Sexual Kleptomania)，专爱偷窃零星物件，引以为快，富家女郎犯此者很多，这也是属于虐待狂之列。再有一种虐待狂则为象征的，即喜爱说猥亵的话，或用极粗俗的话骂人，打情骂俏，浑身轻松，这都是属于虐待狂之列。据说有许多上流人士逛妓院，尤爱逛下等妓院，目的并不在与妓女性交，只在听她们粗俗下流的谈话，便满意而去，就是这种病态的流露。

萨地主义在文艺上的表现，当然以萨地本人的许多著作为中心。此外，属于文艺的名著，王尔德的《莎乐美》便是其一。莎乐美捧着血淋淋的约翰的头，吮他的嘴唇，赞美他的头发，和他琐碎的独语，便是虐待狂的心理最高的表现。

# 笞刑与性欲

笞为中国五刑之一，就是打屁股，是属于肉刑之列。在前清时代，不仅是最普遍的官刑，而且也是寻常的私刑之一。略为体面一些的人家，丫环小使犯了主怒，都可以随时加以施用，同时却又是父兄和师长教诲子弟的“家常便饭”。据说直到今天，偏僻一点的地方还运用这刑法，军队中的“军棍”也就是这个，而上海的某一个天主教的中学里，据说加诸学生的“体罚”之一便是“打屁股”。

笞刑的方式，据近人瑜君的记载是：

> 打屁股的板子是竹制，长二尺多，宽二寸，厚约四五

分。挨打时犯人自己褪了裤子，向下伏在地，两足倦在一起，掌刑的皂班，拿了竹板，一条腿屈跪在旁边，轮动竹板一下下敲成很有规律的节奏。一边口中还抑扬顿挫的报着数目：一二三……五六七八……地上伏者的犯人便也随了喊着：老爷恩典！老爷恩典！……

打屁股是老爷的“下马威”，犯人一到堂下，掷下几条签子，不由分说便是“五十大板”。

笞刑大都施于男犯，但犯妇有时也要挨打的。据说执行女人笞刑的皂班，事后照例要向犯妇享受“亲近”一次，以消晦气，否则至少也得孝敬一笔“执行费”。

纵然还没有找到确凿的资料，证明中国的笞刑能使犯人获到性的快感，或使行刑的人和老爷都感到性的满足，但有许多老爷特别喜爱打犯人屁股，直到犯人连声讨饶才住手却是多少有点“虐待犯［狂］”的嫌疑的，而况如果是女犯，白白的屁股耸在堂下，虽然隔着公案，若说丝毫没有性的刺激，也是使人难于信任的事。

至于在外国，“鞭挞”（Flagellation）和性欲的关系，却早已被证明，而且已经出版了不少专著。欧洲中世纪的僧人，就将“鞭挞”视为苦修的公德之一，每隔一定的时日要浑身脱得

精光，自己用皮鞭抽打，或者互相执行，有的更作为“忏悔赎罪”之一，由教士为之执行，男女都是一律。据说这种“苦行”可以减除肉欲，实际上却是因此而将肉欲发泄了而已。

“鞭挞”本是虐待犯［狂］及被虐狂的普遍现象之一，但特别注意臀部，却是可注意的事。据说鞭挞能增加血液循环，刺激性欲，同时“臀部”又正是性神经特别发达的所在，浓重的肉感便产生了这特殊现象。实为不足异的。

“按摩”以及我国的捶腿捶背，都是“鞭挞”的变形。都是“和舒血脉愉快心身”，使人获得性满足的。这种性欲上的“笞刑”，英国最发达，其次是西班牙和德国，而著名的大思想家卢骚，在他的名著《忏悔录》中，也曾再三的说明自己幼时从鞭挞上所获得的快感。

有不少虐待狂或被虐狂患者，都是因了幼时父母滥用笞刑而起的。关于这类的记载颇多，容以后有便再谈。

# 刺花与色情（上）

刺花又称文身，或作缕身，用在刑法上便称为“黥”，犯人发配，脸上总要刺上两行金印，演义小说中时常见到的，便是这类，这与自动的刺花截然不同。刺花，日本人称作“刺青”，中国也有称作“札青”的，但所刺的并不一定是青色，还有朱墨二色。现在上海一般“剃头师傅”的臂上，大都是青朱二色的混合。

岳传中所说岳飞背上的“精忠报国”四字。水浒传中的好汉九纹龙史进，花和尚鲁智深，都是我国关于刺花的记载中最动人的资料。刺花的心理作用，除与色情和装饰有关外，也与

秘密结社有莫大的关系。这是一种最庄严的“誓约”，最不易消灭或伪造的“信号”，与和尚的“戒疤”差不多，但一般的邪狭少年和无赖却又将这视作是夸耀侪辈的举动，勾引妇女的工具。所以刺花显然有两种不同的作用：一种是作为誓约，另一种则是作为装饰。这后者便与色情有莫大的关系了。

早几年上海所轰传的刺花党，害得有许多人用镪水消毁了自己的皮肤。那时被捕游街的一个女党魁，据说浑身刺遍，是一幅双龙戏珠图，以一对乳头作了构图的中心。这话如果可靠，那确是下了一番苦功，值得夸耀的东西。

刺花是一种世界流行的现象。在文明人之中流行，在野蛮人之中更流行。下等社会流行，贵族阶级也未尝不流行。去世不久的英皇乔治，臂上便刺有在海军见习时期遗下的一只铁锚，便是明证。而且刺花更不一定是不名誉的事，这完全要看所刺的花纹和地点而定。

最爱刺花的是水手和兵士，其次便是从事需要一种特别团结力的职业的人，如理发师，浴室助手，汽车夫等其他游手好闲之徒，也爱来上这一套，那不过是藉此取得一种资望或护身符而已。

刺花所用的花纹，大都有一定，刺花师正好像剪鞋花的人自有自己的蓝本的。就上海一隅而言，大概所刺的花篮八结，五星，牡丹花，铁锚，西洋美女，国旗等。以前是五色旗，现在也改成交叉的党国旗了。然这大都是就一般所见的而言，而且大都刺在手臂或胸口易见的地方。至于特殊精细的，或者刺在隐蔽之处的，那却不可一概而论了。

上海的刺花，大都沿用旧法，用手工刺成，还没有采用西洋流行的电针。电刺不仅迅速整齐，而且也减少痛苦。理发师等之间的刺花，据说都是请熟稔的人互相代刺，我不知道上海是否有以刺花为业的专家，只知道以前在杨树浦码头相近有一位专门刺花的西洋人（Tattooer），每样五元，是各国到沪兵舰上的水兵老主顾。

# 刺花与色情（下）

刺花在野蛮人之中，则纯然以色情为目的，作为性的刺激，以引起对方的注意。许多土人，从小就要在身上刺以种种花纹，然这还是属于区别阶级氏族而设，但一到了成年，刺花却完全以色情为对象了。据说塔黑蒂岛的土人，女子一到月经来潮，便是必须刺花的年纪。刺花的部份，大都注重性器官。有一位旅行家，第一次到该地，在他的记载上说，该地的女子均用一方青色的三角布掩护下体，到后来才发觉，所谓青色三角布实在是阴阜上所刺的花纹。

赤裸的野蛮人，不穿衣服，他们对于刺花的观念，正与摩登小姐对于新装的观念一样，完全是装饰自己吸引异性的。因此，土人便将刺花作为装饰自己身体的要素，愈刺激愈好。他们运用着红土，驯鹿的血，沥青，以及许多异怪的树叶汁水刺入皮肤，划作种种几何形的条纹。有的有了战功或地位之后，便在身上加多几处花纹，作为账簿或制服一样。

本来，色彩对于性的刺激有很大的关联，不仅文明人是这样，野蛮人对于色彩的感觉更敏锐，所以他们用红土和白垩刺在身上的花纹，实在是最有性的诱惑力的工具。而且，我前面已经说过，性器官刺了花纹，便表示是已经成年的人。

欧洲文明人的色情的刺花，也并不亚于非洲和澳洲的土人。特多的是水手和娼妓，而且更与犯罪有关。据克利拉的统计，白利格的教养院中，男女犯人有百分之十二身上是有猥亵的刺花的。一个有同性恋的娼妓在她的阴部刺了一尾鲭鱼。而犯罪学研究专家郎布罗索更确认色情的刺花时常可作犯罪的佐证。据说有一个犯强奸罪的犯人，检验身体，浑身都刺遍了花纹，龟头上更刺了一尾鱼，七颗星。据他自己解释，这是纪念他少年时曾经鸡奸过七个少年人。

在上流社会中，尤其是妇人，喜爱在私处用刺花留一点纪念的人很多。西韦勃利（Reie Schwaelile）曾有一部专著研究

这事。据说巴黎有专门为女性执行这种业务的刺花师，而且还有俱乐部。其中有一位太太自踝至腿刺了一双袜子，可以乱真。另一位在臀部和大腿上刺了许多铭句。一个在双腿上刺满了花环和葡萄丛，腹部有鸟雀栖着，背上更有五彩的花束。一位侯爵夫人在她的肩上刺着家世的纹章。两位同性恋的妇人更在彼此身上刺了一幅连环图画，分开来毫无意义，两人并在一处则成了一幅画图［图画］。最精采的要算这俱乐部的主妇了。她浑身上下，刺遍了花纹，是一幅极精致的行猎图。色彩鲜丽，构图纤细。成群的车马，猎狗，猎人，绕遍全身，行猎的目标是一只狐狸，则刺在她的阴部。

日本人也流行"刺青"。花街柳巷的江户儿，正和我们的"侧帽少年"差不多，是以这种从痛苦换来的装点为荣的。谷崎润一郎有一篇小说名《刺青》，便是描写一位刺青师对于自己艺术上的幻想。不过，日本人刺青的花纹与西洋人不同，是喜爱运用龙蛇，云纹，帆船等有浓重东方色彩的东西的。

# 被　虐　狂

被虐狂（Masochism）为重要的变态性欲现象之一，与“虐待狂”是对立的，即前者甘心受人虐待，且以此为乐，甚得性的快慰，而后者则以虐人为快也。

被虐狂又称“马索主义”，乃是因为命名的由来是根据近代德国小说家沙其马索其（Leopold Von Sacher-Masoch）的作品。他的小说多描写这类现象，当时还没有专名，研究变态性欲的专家伊宾博士便将这类现象著为“马索主义”，当时马索其还没有死，便引起他本人的抗议，说是侮辱了他，同时许多读者也反对，说伊宾玷污了一位著名作家的名誉。但伊宾却

解释，一位某种学术的研究家并不一定是实行家，马索其的著作多关于被虐狂，但他自己不必一定是被虐狂者。伊宾解说，他以马索其的名字命名这种变态性欲，正是尊重他，尊重他的专门著述。抗议虽然抗议，这名词却从此被采用了。

关于被虐狂，因为与虐待狂是相对的，所以也常常有不可分离的关联，而且时有一人兼有这两种癖好者。萨地主义者本人萨地，据说同时就又是被虐狂者。

虐待狂者以男性为多，被虐待者则以女性为多，这是因为女子天性柔弱，以服从为乐，更以服从异性的爱人为荣，所以常是被虐狂的患者。不过大都是轻微的，可说不是一种病症。厉害的被虐狂者，则常常要求爱人对自己加以鞭挞，唾吐，或者伏地作兽行，令爱人骑在身上，这样才感到性的满足，否则便萎顿不兴。

虐待狂的结果常常陷于残忍和谋杀，但被虐狂却不致有这样的猛烈，所以残杀的事是少见的，因为被虐狂的主动人是自己，而对方则是被动要求执行虐待的，所以不易有过份的行为。

著名的虐待狂者，历史上颇多前例。著名的大哲学家亚里斯多德便是其一，据说欧洲民间曾流行一幅版画，所画的便是亚里斯多德伏在地上，他的爱人骑在他的背上，手执鞭子，一个道地的被虐狂者。此外，奥维德在他的名著《爱经》中，已经推荐过这事。而大诗人歌德海涅的情诗中，时常以奴仆贱物自拟，据说就是被虐狂心理的流露。

更为人知的被虐狂者，是大哲学家卢骚。他在自传《忏悔录》中，承认幼时受郎白息小姐的责打，引以为乐，说是有性的快感，屡次设法使自己挨打，以致郎白息小姐发现他的存心，改换了斥责他的方法。

日本的小说家谷崎润一郎，曾写过一篇短篇小说名《萝洞先生》，有章克标先生的译本，叙说有个记者拜访这位名学者萝洞先生，发现先生正闭着眼睛，伏在地上，被一个婢女骑在背上打屁股，先生却像猫一样的发出呜呜的叫声，可说是一个被虐待狂者的精采的写照。

据说欧洲还有一种妓院，专为被虐狂而设，备有各种刑具和密室。客人一到，便由妓女为之加上脚镣手铐，或者缚在特制的刑床上，加以鞭挞，更制造种种阴惨恐怖的空气，务使客人感到真的在受人虐待。这样，经过相当时间之后，客人便满意付酬而去。

# 痛苦与快感

怕痛怕吃苦是人类的本性，但有些时候却以受一点痛苦为快，有的人更去寻求痛苦，这不能不说是可怪的现象。这种痛苦的快感，尤其发自异性的，更觉浓烈，中国人说这种感觉是“骨头轻”，却不知道这正是一种先天的无可奈何的现象。

虐待狂和被虐狂者，一以虐人为乐，一以被虐为乐。而对于对手的感情愈亲密愈快乐，正是这种现象的极端，可说是变态的，病态的。但在一般的恋爱场合中，这现象也很显著。在花前月下，假如有一位小姐低低的对你说：“乖乖，我恨不得咬你一口！”我想被说的人无不要觉得飘飘然的。而且一定甘愿真的送上去被她咬一下，这正是从痛苦中获得快感的最普通现象。此外，手臂上捏一下，大腿上扭一把，都引以为荣，浑身轻松，虽然自己否认，却已在无形之中成为被虐狂者。

关于恋爱与痛苦，霭理斯在他的名著《性心理研究》中，曾有专篇研究，反覆引证，从原始动物的感觉，以至野蛮人的“掠夺婚姻”，苦肉计的求爱方法，马来人为了刺激异性在生殖器上所施的特殊手术和装置，以及吮吸和亢奋剂等，真是研究得面面周到，若要仔细加以引证，怕有一册十万言的巨著可写，而且“此地也不是说话之处”，还是随便的谈谈罢。

据说世界上的女性，被虐狂症最显著的是俄国。（苏联不知道如何？）斯拉夫族的女人，三天不被她的丈夫殴打，便要疑心她的丈夫心变，不爱她了。俄国有几句俗语说得好：“爱你的妻子如爱你的灵魂，同时也得像外套一样的时常为她扑扑灰尘。”又说：“亲爱的拳头是不痛的。”据说匈牙利也是这样，女人几天没有吃丈夫的耳光，便要肯定丈夫对自己冷淡了。

真正的被虐狂者，则不仅情愿挨打。据布洛讫博士说，马索其主义者为了要满足自己的性欲，他们甘受一切的痛苦：刺，戳，咬，抓，火烫，拔头发，践踏，鞭打，审讯，流血，他们都觉得是人间的至乐，只要不真的丢了性命，他们是愿过

猪狗一样的奴隶生活的。

汉堡有一位商人，时常光临一家妓院，有一个妓女是他的情妇，他要她的指甲留得很长，每当他来了，便要她用尖指甲搔他的下部，直到鲜血淋漓，这商人才满意而去。又有一个人则要他的阴囊缝在沙发椅垫子上，使他不能行动，这样坐了一刻，然后才将缝上的线拆去。

最可怕的是，柏林有一位富绅，据他的情妇自述，他愿意做狗，带着狗项圈，锁上链条，每当他情妇吃饭的时候，便睡在她的脚下，她丢吃剩的骨头给他，他便高兴的啃着。仆人进来，走近他的情妇，他便咬他们的脚，然后情妇用鞭子抽他，他便模仿狗一样的呻吟着。他不愿人称呼他的姓名，他另有一个狗名字：尼罗。据他的情妇说，他们很少发生性的关系。

这可怕的故事，是出自一位检察官的起诉书中，当然详确可靠，世上竟真有这样变态的人，无怪霭理斯要说，痛苦与性爱的关联，是性心理中最精微最不可解的一种现象了。

# 变　形　记

《变形记》（*Metamorphoses*）本是一部希腊古典文学名著，著者奥维德（Ovidius）便是著名《爱经》的原著者，叙述希腊神话中诸神变异的故事。此外，亚普黎厄（Apuleius）也有一部《变形记》，叙说他自己的遭遇，不过这书通常都名作《金驴记》，以别于奥维德的《变形记》。

但我现在所要谈的，却不是这两部文学作品，而是以此得名的一种生理变形的病症，即所谓“性的变形症”（Metamorphosis Sexualis）。这种现象，我以前谈论阴阳人和男女变化时已经涉及，但纯粹属于变体的，却还有不少可供参考的资料。

关于男女变形，据清人卢若腾的《岛居随录》所载：

人有五不男，天犍漏怯变也。天者阳萎不用，古云天阉是也。犍者阳势割去，寺人是也。漏者精寒不固，常自遗泄也。怯者举而不强，见敌不兴也。变者体兼男女，俗名二形，又名婆罗门半释迦，能两用人道，或上半月为男，下半月为女，又或从子至午则男，从未至亥则女，《晋书》以为乱气所生，谓之人疴。其类有值男即女，值女即男者，有半月阴半月阳者，有可妻不可夫者。

关于“半择迦”，即阴阳人，宋人的《容斋随笔》上说得更详细：

《大般若经》云，梵言扇搋半择迦，唐言黄门，其类有五。一曰半择迦，总名也，有男根用而不生子。二曰利伊沙半择迦，此云妒，谓他行欲即发，不见即无，亦具男根而不生子。三曰扇搋半择迦，谓本来男根不满，亦不能生子。四曰博叉半择迦，谓半月能男，半月不能男。五曰留拏半择迦，此云割，谓被割，刑者。

这是关于男子的。在女子方面，也有五种变形，据《洗冤录》验妇女尸所载，所谓“五不女”是：

五不女：螺纹鼓角脉。螺者牝内旋有物如螺也。纹者窍小，那［即］石女也。鼓者无窍如鼓。角者有物如角，即阴挺是也。脉者一生经水不调及崩带之类。

所谓“角”，就是女性假半阴阳，《洗冤录》则名为“二形人”。

# 卢骚忏悔录

我前次曾谈及大思想家卢骚是被虐狂者，其实，卢骚的变态性欲症，除了被虐狂之外，其他还有很多，而且少年时还耽于手淫，一切都坦白的记在他的《忏悔录》中。

关于他的被虐狂，见第一部第一卷中（卢骚的《忏悔录》有商务版的章桐先生的中译，上下二册。我还未见过，想来该是全译）。据卢骚自己叙述，他那时只有八岁，住在朗贝赛小姐的家中读书，朗贝赛小姐已经有三十岁，对待他是严师而兼慈母，所以孩子们有了过错便要惩罚。起先只是恫吓，但是有一次卢骚真的挨了打，但是他立时感到对于朗贝赛小姐的责罚，不仅没有畏惧，反而有一种快感，据他自己说是：

> 因为我从这个痛苦，甚至这种耻辱中，发现一种复杂的感情，使我的恐惧心，敌不过想从同一人手中再经验一次这种感情的愿望。毫无疑问，一种早熟的性欲本能大的混杂在这感觉中，因为从她哥哥手中所受同样的惩罚，便使我丝毫不觉快意了。

因此卢骚便故意在郎［朗］贝赛小姐的面前犯过失，希望她能亲手惩罚他。但她似乎已经发现卢骚的下意识，知道这种惩罚在他身上有了旁的效果，便扬言打小孩子使她太吃力，她以后改换惩罚的方法了。在那时候以前，卢骚和旁的就学的孩子们都是睡在她的房里的，冬天有时更和她睡在一床。但在这事的第二天，他们便被搬另一种屋里去睡了。

卢骚自己说，谁能想到从一位三十岁女性手中对于八岁孩子的惩罚，便统制了他终身的愿望感情和嗜好。从这以后，他总是希望与他有好感的女人打他，像朗贝赛小姐一样的打他。他自认那时还不知道男女之事。他真正的尝到了爱的神秘滋味的，是在十三岁时。他的童贞是丧在华伦斯夫人手里的。他称她“妈妈”，她称他“小乖乖”。两人的年岁相差很多，正是卢骚性欲早熟和变态的流露。

卢骚又是“露体狂”者，就是故意在女性面前显露自己的生殖器，或者做出种种的猥亵姿势。在《忏悔录》第三卷的开始，他就说及这事，有一次因为逃避几个女孩子的辱骂，避入一个地窖，几乎被旁人当作贼捉住打了一顿。

卢骚少年时耽于手淫，在《忏悔录》第三卷中还加以歌颂，据他说，这种□行是他这种孤独和畏葸青年的天堂，靠着想像，他能接近一切的女性，并不需要请求她们的同意，任随自己，恣意享受。

# 马索克小史（上）

以描写“被虐狂”小说得名的沙讫-马索克（Leopold von Sacher-Masoch），他的生平，可说完全是他作品的现实。关于的他的传记，最详尽可靠的是席利讫特格罗（Schlichtegroll）的《马索克与马索主义》。此外，马索克妻子的自传，也可间接供给不少资料。席氏的传记，将马索克不幸的一生归罪于他的妻子，而马氏夫人在自传中，则力辩他丈夫完全是他自身变态性欲的奴隶。她亦爱莫能助，故不得不分离。

马索克于一八三六年生于波兰的勒姆堡，是西班牙德国和斯拉夫的混合血统。贵族出身，父亲曾任警长，母亲是小俄罗

斯人。马索克幼时身体很弱，由一个俄罗斯农妇作乳母喂养，这才长成。这对于他的影响很大，他自己曾说，他不仅获得了健康，而且更获得小俄罗斯人阴郁神秘的灵魂。

他从小就喜欢残酷的事。行刑的图画，教徒殉教的惨史，都是他小时的恩物，他更时见梦见自己在一个强壮的妇人手中，被她虐待。

他所住的故乡加利西亚的风俗，不是妻子作丈夫的奴隶，便是丈夫绝对统制妻子，这种风俗也使他性格蒙受了很深的影响。

十岁时，他遭受了一件终生不忘的奇遇。有一位伯爵夫人，是他家里的亲戚，美而悍，他很崇拜她，尤其羡慕她许多御寒的皮货。他时常喜爱为伯爵夫人服务，尤爱服侍她梳妆。有一次给她穿拖鞋，他不禁吻她的脚，伯爵夫人微笑着踢了她[他]一下，他觉得十分高兴。(本节未完)

## 马索克小史（下）

有一天，他和姊妹们捉迷藏，躲到夫人卧室的衣橱中。他才躲好不久，伯爵夫人忽然走进房来，后面跟着她的情人。他不敢声张，眼看着一对情人在沙发上躺下，互相拥抱。正在这时，伯爵忽然带着两个朋友闯了进来，马索克正在暗暗吃惊时，伯爵夫人已经一跃而起，向她丈夫劈面一拳，打得他鲜血满面，立刻带了两个朋友逃之夭夭，而那个情人也乘机溜走了。这时，衣橱里遮掩着他的衣服忽然落了下来，伯爵夫人发现他躲在房里，知道他目睹了一切，勃然大怒，将他拖出去掀在地上，一顿毒打。这时伯爵又跑了进来，不再发怒，跪在一

旁求他妻子饶恕。马索克从房里逃出时，看见伯爵夫人正在踢她的丈夫。

无疑的，这是他终生忘记不掉的印象。他便将妇人当作是可恨又可爱的东西，时常要将男子在脚下践踏。

马索克对于鞭子和皮货有一种特殊的爱好。在他的作品中，描写一位美丽的妇人，他总说："如果穿皮大衣一定更漂亮。"形容讨厌的妇人，他一定说："我简直想像不出她穿皮衣服的情形。"他的原稿纸上曾经印着一位穿银鼠镶貂毛大衣的女性，墙上挂着穿皮衣女性的图画，画室中更藏着一袭女性的皮大衣，不时拿出来扑打，以助文思。

他的妻子本是他的小说的读者，最初感情很好，但是后来因为她不愿应允他的要求，要她用鞭子打他，便渐渐疏远。最后马索克更逼他的妻子去寻外遇，为她登广告征求男友，弄假成真，他妻子终于跟人私奔了，马索克便和一位女书记同居。

许多记载都说，马氏平素温和可亲，而且不吸烟酒，虽然爱使他心爱的女人穿皮货，自己的服饰却很朴素。他死于一八九五年，晚年住在德国乡下，过着托尔斯泰一样的和农民接近的生活。

# 大自然的葬仪

人类想像中对于死亡的恐怖，对于尸体的迷信，在自然界中是不存在的。一般的动物，对于死了的它的同伴的尸身，或是一具异族的尸身，都当作是自然的一种赐与，最好的办法就是果腹；你不吃，立刻就有旁人来吃。

但并不一定一种动物都吃它们同类的尸身。于是，在广阔的山野，鸟兽成阵，昆虫成群，许多寿命都不很长，死亡率是很高的，那么，这许多尸体怎样处置呢？我们很少发现寿终正寝的动物尸体，那么，谁给它们埋葬了呢？

鹰鹫和乌鸦都是食肉鸟，但它们所吃的和动物的死亡比例

相差很远。在自然界中，另有一种专门从事殡葬任务的昆虫，学名为 Necrophorus Mortuorum，一般都称作“挖墓虫”（Sexton Beetle），它拥有锹铲和一切掘穴的工具，专门从事殡葬的工作。

这种虫的色彩是庄严的黑色，但背上另有两条黄带以资点缀。它们都很乐天，每日工作完毕之后，便从事唱歌，但这种音乐并不是有关的“为艺术的艺术”，却是“现实的”。这就是说，为了吸引异性而作。

挖墓虫靠了她［它］灵敏的嗅觉以判别附近有无工作。一发现附近有了“丧事”，它便立刻将这好消息通知它的妻子，然后夫妻双双立刻动身，择最近最快的路，因为先下手为强，闻风而来的同伴是很多的。

到了目的地，譬如说，它们发现今天要料理的尸首是一只田鼠，便立刻纠合后来的从伴，大家饱餐一下，便开始从尸身的四周渐渐掘下去，使它沉下，然后用土掩在上面。

挖墓虫有一对铁子一样的触角，十分健强，很足以应付他［它］们所负的任务。埋葬完毕之后，同伴就各自分散，只有挖墓虫太太在守护着它的不久要出世的孩子和他［它］们将来的粮食。

对待小动物是怎样，对待大动物便要取大规模的集团行动。

过着纪律生活的蚂蚁，对于侵入它们垤中的尸身，总是付之大嚼。不便吃的，它们便由工蚁移到安全地带，决不使它妨碍巢里的卫生。

蜜蜂发现巢里有“死人”，便设法将它推出巢外。如果死者是外来的，如一只蜗牛等，无法推出去时，他［它］们便采取最安全的办法，用蜂蜡将他封起来，毫不泄气，便也不致有碍卫生了。

昆虫和人类差不多，对于死者处置的方法总是付之埋葬，因为土地正是一切生物的泉源，也是一切生物的归宿。不过昆虫比人类更为达观，它们并不对死者有所恐怖，反而视作是一种新生的给养。

# 关于死的种种

生，死和恋爱，是人生的三大神秘，尤其是死，是今世的结束和来世的关键，难免看得十分郑重，因而也发生了许多迷信和传说。

将死之前是有一种预兆的，所谓（Death Warning），最普通的世界性的代表物，是一只黑乌鸦或其他黑色的鸟类。这种鸟类出现在某家的屋顶上，旦夕一定有死神要光临。

欧洲人最忌十三，尤其是十三个人一桌聚餐，是最不吉的事，第一个立起来的人一定要死。这迷信是有相当渊源的，与欧洲最普遍的宗教基督教有关，因为耶稣在受难之夕，曾召集十二个门徒聚餐，即所谓“最后的圣餐”，十二个门徒之一的犹大，暗中将耶稣出卖了给敌人，就餐将半就立起来通知敌人将耶稣捉了去，但他事后又感到惭愧，终于上吊死了。因此十三是不吉之数，而十三个人聚餐，第一个站起来的人不仅要自杀，而且还是个贪财无义的小人。

英国的苏格兰人相信，秋天的花丛中忽然开了一朵白玫瑰，最近一定有人要死去，而久病的人忽然想要苹果酒一类的饮料，也是死的预兆。水手和渔人的死，多半在退潮的时候，狄肯斯曾将这迷信写入他的名著《块肉余生记》中：“正是低潮时候，他（巴克斯）和潮水一同走了。”

这种迷信，都是属于联想的，由一件反常的或衰落的事态中，看出死的影子。因此，如果一棵树一面结实一面又在开花，或者你将刚才自己用过的镜子失手打碎，你的影子也同时碎裂，这都是死的预兆。

有些地方，相信救人出水是不吉的事，因为你救了他，水神失去了到手的收获，一定要向你报复。

有些关于死的迷信更是传统的，据说英国著名的“布利列顿池”，地主家有人要去世，事先池中有一株树根一定会浮出来。而某家有一棵榆树，它的叶子一旦突然摇动，家主不久就

要死了。

在十九世纪末，欧洲贵族阶级流行一种迷信，说有一位“白衣妇人”在宫廷出现，就是大丧的预兆。这白衣妇人曾在德国王宫出现过，又到过荷兰和巴伐利亚，据说拿破仑失败之前出现过，有的更说从十七世纪中叶以来，她从不差误的是一个大不幸的预兆。

为了对于生之留恋，即使无可避免的死了，但是是否真死还是值得考虑的，万一在棺材中复活起来，那不是太可懊丧的事，因此康特地方有一个妇人，在临死时会特立遗嘱，请求死后在她心口戳上几刀，以免不幸在棺中复活。德国有一个特殊的殡仪馆，棺殓后死者手中要握着一条绳，绳端悬着铃，要停厝相当的时日才埋葬，有人日夜巡守，以便一闻铃声就可以开棺。但不幸的是，自从这制度设立以来，铃声还不曾响过一次。

最近日本有位富翁，临死时相信自己一定可以复活，特嘱在棺材中装上电铃，以便他复活时可以通知家人。但不幸的是这铃声终不曾响。有人说这也许是他自己的过失，棺材中没有装电灯，他在黑暗中揿错了，揿了地狱的门铃。

## 丧葬风俗志异

中国人相信人死后会投胎转世，欧洲人，基督教的信仰者，却相信到了《圣经》启示录上所说的天地末日，上帝审判世人时，所有的死人都要从棺材里复活起来，为了这个原故，爱尔兰人的丧葬风俗，在棺材入土时，有一个时期曾流行将棺材钉松去，而死者装殓时手脚部份也特别露在外面，以便将来复活时不致感到困难。

罗马人通行火葬，只有自杀的人或者罪犯才埋到地下。逆伦案的凶手，死后要用一只雄鸡和尸身缝在一只袋中，然后再埋到地下。埋葬的方向和反正也有关系。尸身大都头向东方，

这是基督教的传统，因为相信天地末日最后一次的召唤是在东方。面部朝下，据说可以免除作祟。对于血案的凶手，英国人照例不准葬入教堂的墓地，都是埋在十字路口，而且只准在夜间举行，直到十九世纪，法律才有指定的丛葬地点。

各国都有指定的荣誉公葬区域，如英国的威斯特敏斯特大寺，苏联的红场克利林宫，是伟人国殇的长眠之所。在今日，一位著名的电影明星也许有机会能入选葬到这里，但在法国，直到大革命之前，优伶甚至连教堂的坟地也不许入葬的。坟地各有各的门类，自杀者，异乡人，未入教者，难产妇人，都是不相融混的。泰隆地方更有一个专为男子的葬地，平素不许妇女入内，据说死人最好嫉妒，见了陌生女性，难免不大兴风波。

柯细加地方，对于少女的葬仪，是给她穿上最好的衣服，双脚用白缎带缚住（以免她的魂灵在各处流浪），头上带起结婚的花环，祷祝着说："我们，你的闺友，给你带来了百合和玫瑰，也给你带来了婚礼的花环。"雅克西的风俗，一个未婚少女的葬礼，便要在教堂的门口挂一道花环，有时还要附着一副白手套，白手套表示"纯洁"，正与法官被逼判决罪犯时带上白手套表示无辜差不多。

火葬和埋葬可说是文明人对于尸体处置的方法，一般半开化民族便不同了。最著名的是怕西人的天葬。他们将死者放在塔顶上或树稍上，等候鹰隼的啄食。这种葬法初听是觉得残忍可怕，但他们也有美丽的解说。怕西教徒相信一切原质都是神圣的，而尸体都是污秽的东西。所以埋到地下要玷污了“地”，火葬也亵渎了“火”，水葬更侮辱了“水”，所以死尸最好给鸟兽吃，而且还可以赎罪。马拉巴山上著名的“沉默之塔”，便是天葬的圣地，猛禽盘旋，浓荫如翳，目睹之下到［倒］并不是怎样可怕的地方。此外，将尸身喂蛇，脔割了喂狗，烧骨扬灰，这种种野蛮的葬法，从现代科学的眼光看起来，倒是合乎卫生的，至少比愚笨的埃及皇帝，造了金字塔，将自己的尸身制成不朽的木乃伊，金棺银椁，结果却在千年之后被发掘出来，陈列在博物院里卖门票，要聪明得多了。

对于死者的追念和祭祀，东南各有不同，西洋人以鲜花供奉，东方人却爱以食物供奉，这是最大的差异。据说某一个公墓里，有一位西洋人带了一束鲜花来扫墓，看见一个东方人用酒菜在祭奠，不觉加以嘲笑，讥讽的问道：“你们的祖宗什么时候来吃这些东西”？那位东方人却从容不迫的回答：“你的祖宗出来嗅花香的时候，就是我宗祖［祖宗］出来吃这些东西的时候”！

这真是一句太幽默的回答，然而却也说出了祭祀的真理。

# 尸体偷盗

尸体偷盗，并不一定是违法的事，有时还要受到奖励，这完全看你用什么名义去偷盗。每一家古董店里，每一座著名的博物院里，总有一些从坟墓里掘出来的“赃物”，然而这却称为“古董”。更甚的，如埃及王后大臣的尸身，所谓“木乃伊”，差不多是博物院和考古学家的至宝，这不是“尸体偷盗”是什么？然而这是不犯罪的。

犯罪的是“掘墓贼”，中国称为“倒斗”，这种阴森怕人的行为，是以棺中殉葬的财物为目的的。谩藏诲盗，这是活人不好，早几年著名的东陵盗宝案，简直哄动中外，听说近年关中一带也流行掘墓，而不景气流行。江北一带连薄薄棺殓的一套短布衫裤也有人剥了。

更有一种不犯法的掘墓，如历史上伍子胥的鞭尸，近代掘土豪劣绅汉奸卖国贼的祖坟，反而是大快人心的事，而帝王和富豪为了“龙脉”的风水关系，破坏人家的坟墓，也是并不怎样犯罪的事。

“倒斗”的目的在财物，“掘祖坟”的目的在泄愤和报复，都不是直接以尸体为目的，此外还有一种真正的“为艺术而艺术”的掘墓，这就是所谓“尸体偷盗”。

尸体偷盗者的目的，有一种是希望人家来赎取，绑死人的票，然而这是极少数，大部份却是偷窃尸体卖给人家供解剖或制标本之用。

这种偷盗并不注重棺中的财物，所注重的是尸身的新鲜与完整。

医学上所需用解剖的尸体，目前都由国家明文规定，将死囚或无人认领的尸身，由学校或医院备文去领，但在这条文未颁布以前，医生需要一具尸体作解剖，那是很困难的。这不是随处可以购买的货物，也不是公然可以买卖的货物。

尤其是欧洲人，相信死人有一天会复活升天的，那么，尸

身割得粉碎，拿甚么去升天呢，因此直到十九世纪，还有人反对人体解剖，说是残忍不道德的事。为了这个原故，医生只能私下出重价去购买尸体，因而便发生“尸体偷盗”了。

从十六世纪以来，随着人体解剖学逐渐进步，便也形成了一种专以偷盗尸体供给医用的职业，这种人称为“复活家”（Resurrectionists），专门结党发掘新死人的坟墓。发掘不足，便在静僻地方谋杀单身行人，充作尸体卖给医生。

这种谋杀不能有伤痕，否则医生便要怀疑，因此大都是骗进屋里，加以闷杀，这就是所谓 Burking。“褒克”（Burk）本是人名，他是苏格兰人，在十九世纪初年，与他的同伴“海耳”（Hare），专门谋杀人将尸体出卖，先后一共谋杀过十六人，然后才败露。他们所用的方法便是闷杀，当时哄动一时，因此便造成了 Burking 这个字。

去年南通某医科学校的学生，被乡人控告盗窃尸体，大约也是供自己私下解剖之用，这可说是最现代的“复活家”了。

# 尸奸（上）

尸奸，即对于已死的尸体作猥亵行为，是一种极可怕的使人毛发直竖的变态性欲行为，学名为 Necrophilia，是虐待狂更进一步的表现，有时更与“色情的杀人”（Lust-Murder）有关。

这种行为，初听几乎使人不敢置信，一具冷冰冰甚而至于僵硬腐臭的尸体，趋避恐怖尚且不遑，那里还有人敢对之实行非非之想，然而竟确有其事，这不仅有许多记载斑斑可考，就是各国法律，也有关于惩罚尸奸的专条，我国现行的刑法中也有明文记载。不过世界一例，所处的刑期都不十分重，这也许

因为犯者的神经大都是失了常态的原故。

尸奸的犯者，其人的性欲大都是异常的虐待狂患者，因此对于臭味，冰冷的感觉以及恐怖等，反而感到可以刺激。

尸奸与“色情的杀人”有关。这种人好将女性加以杀害，眼见血腥淋漓的情形才感到兴奋。这种人间或并不与尸体发生秽亵行为，只是将尸体加以脔割，或者破腹取出内脏，……然后在这种惨恶可怕的场面下，得到一种变态的满足。另有一种则因强奸不遂，被逼将对手加以杀害，迨其死后仍加以奸污，以发泄自己未遂的欲念。

尸奸又与环境及机会有关，僧侣及兵士，在看守尸体的静夜或行军兵燹中，因了一时遏止不住的性欲便对尸体加以侵犯。此外，验尸所，殡仪馆，医院，也有因一时的冲动而犯罪者。至于正式的尸奸患者，他们的活动区域大都在荒僻的公墓中，注意新葬的妇人坟墓。穷乡僻壤之区的浮露棺柩，也使乞丐和白痴等有时获得犯罪的机会。

有一种偶然的尸奸犯者，这种人都是以处理尸体为职务，偶然因一时冲动而犯了罪；看守坟地的园丁或者掘墓贼，也有是这种偶然的尸奸犯者。

关于尸奸的记载，各国的民间传说，神话，以及小说中，颇多这类的资料。法国文学中颇多关于尸奸的作品，萨地的小说也有涉及尸奸的。古希腊希洛多陀的作品曾叙及一个埃及人奸污一个新死的妇人，可说最古的关于尸奸的资料。

伊宾博士曾根据可靠的记载，分析过不少尸奸犯者。一个二十三岁的少年，强奸一个五十三岁的妇人，在撑拒之间，他竟将妇人杀死了，随即加以奸污，将尸体抛入河中，但不久又将尸体捞出来重行奸污。这也是与色情的杀人有关的尸奸，那残酷的犯罪行为，即使读到了也犹觉恐怖。（本节未完）

# 尸奸（下）

波爱斯孟（Brierre ce Boismont）曾在一八五九年记载过一次尸奸案件，死者是一位上流社会十六岁的少女，犯人贿赂了看门人，半夜潜入屋中，死者的母亲在夜间听见停尸室中有笨重的物件落地的声音，起来察看，发现一个穿睡衣的男子从灵床上跳了下来，她起初还以为是贼，但来者的本意立刻就被暴露了，事后据悉犯人也出身于高尚家庭，生平专好侵犯年轻妇人的尸体，于是被判处无期徒刑。

爱伦堡（Eilenburg）的名著《虐待狂与被虐狂研究》中，也有关于尸奸的记叙：有个三十多岁的新死妇人的棺柩，埋入坟地，当日泥土并未完全掩好。晚间有位妇人来省视她亲属的坟，这坟与那新埋的妇人坟地相近，她发现这新葬的棺盖在掀动着，当时十分骇异，连忙去通告公墓的看守人，看守约了几个园丁一同来察视，竟出人意外，他们发现住在附近的一个名叫乌克西的穷汉正在侵犯那尸体，当即加以逮捕，次日并将尸身起出移入验尸所，加以检验，以判别犯人是否遂行了他的目的。

可靠的关于尸奸案的记载，最著名的是贝传德（Sergeant Bertrand）的案件，许多专家都曾加以引证。贝传德专一发掘死动物的尸体，加以脔割，取出内脏，自己同时手淫，后更将活狗杀害以遂行他的欲念，案发后，被判了一年监禁，这是因为法医鉴定，他的神经呈现显著的异状。

除了上述的实地尸奸之外，此外尚有一种象征的尸奸，这种人有特殊的嗜好，每好命妇女扮作死尸，穿上寿衣，房中也布置成尸室的情状，燃起白蜡，妇人不言不语，始终躺在床上死人一样的任其所为。据伊宾博士记载，有一位教士曾有这种变态的癖好，时常光临某妓院，命所爱的妓女扮作死尸，自己庄严的施以弥撒祝祷，然后与之同寝，妓女须始终闭目不语，完全装作死人模样。

更有一种象征的尸奸，则为见了美丽的女尸所引起的非非之想，这种想念有时会使神经不健全的人实行犯罪。

# 兽　　奸

兽奸（Bestiality），即人与动物相奸，外国的刑法上多统称之为 Sodomy，其实是不相融混的。又与动物崇拜狂（Zoophilia）有别，因后者大都对动物加以溺爱和狎弄，并不实行奸犯也。

兽奸犯者属于性欲变态症者颇少，大都与教养和环境有关，因为这种荒唐不人道的行为，非脑经愚笨者不肯干也。

兽奸案发生的统计，乡村与都市的比例相差很远，这就说明了这种行为的动机大都基于环境和教养。乡村生活，时常人畜共处，牧人偶然一时的性欲冲动，又如中国所传说的“塞上

无夫之妇”，在牛马成群中，是时常促成这种不道德行为的。

至于发生在城市中的，在不外下列三种原因：一，性欲无法解决者，行为虽然荒谬，其实是可悯的。二，则为一种迷信的，患花柳病的人，多他们［他们多］相信可以因此移除病根（当然是胡说）。三，多发生于妓院，这完全是惨无人道的藉以敛钱的淫秽行为，大都市中多秘密存在，上海租界也时有破获。

兽奸并不是文明产物，古代早有记叙，愈是荒原牧畜的生活便发生愈多，据说南斯拉夫民族与驴马相交，并不犯罪，而奥国骑兵队中南斯拉夫族的兵士，时与母马相交，被发现了则称无钱宿娼，不得已而出此，长官也对这种兵士奈何不得。

哈伯达（Haberda）于一九零五年曾在德国出版一部专著，曾根据一百六十二件兽奸案件，仔细加以分析和研究。谓男子犯者大都是与家畜时有接触者。

布洛讫博士曾说及中国有人与鹅相交的事，他大约是间接从笔记上得来的，如《文海披沙》所载，那真是洋洋大观。（编者按：为了免得“妨害风化”，以下删。）

# 露 体 狂

露体狂（Exhibitionism）是一种普遍的性欲变态症，即喜欢在公共场所或异性之前，恬不知耻的暴露自己的身体，自己即从这种行为上获得性的满足。

本来，裸体并不犯罪，在众人之前显露自己的裸体，亦不足为罪，但在现制度的道德和羞耻观念之下，一个脑经健全的人是决不敢干这自失体面的举动的。因此，所有的露体狂者，大都是疯癫症的患者。

据希孚（Seiffer）报告，根据八十六个露体狂患者的研究，其中十八个人有痫癫症，十七个人的神经错乱，十三个人

素来行为不端，八个人神经衰弱，八个人是酒徒，十一个人是习惯上的露体狂者，其余十个人也有显著的病状。在这八十六个人之中，有十一人是女性。

露体狂的养成，有许多是先天的，或从小养成的坏习惯，但大都疯癫居多，精神常态的人可说少见。

这种人的性欲受了抑压，转到虐待狂的倾向，同时更沾染手淫，于是露体的癖好便养成了。最初还在僻静处所，独自一人行之，逐渐的便大胆起来。公共场所，浴堂或厕所，面临大路的楼窗，露天剧场，都是最好的活动区域，这种人大都显示自己的裸体，更甚的则在大街之上突然褫尽衣裤，大声呼嚣。

由于不良的家庭教育，许多小儿从小就爱玩弄自己的性器官，或者成人故意加以种种暗示，长成后，在春情发动时期，便常常流于露体狂。

现代的露体狂者，则爱摄种种裸体照片，或以自己的裸体照片给异性看，观其惊异羞涩之状，自己引以为乐。

更有一种人爱在异性面前说粗俗的话，或以种种猥亵言辞向异性附耳而语，这种虐待狂的人也有称为口头上的露体狂者(Verbal exhibitionists)。

露体除属于性欲变态者外，也有一种风俗上的，即以臀部或性器官示人，表示侮辱或鄙视之意。更有一种迷信的，则以裸体对于鬼怪有辟邪镇压作用。前者是世界性的。后者在中国很发达，也许直到今天，还有人相信将一排裸体妇人排在阵线上，敌人的大炮便打不出了。

现代大都市中，有人以裸体表演种种猥亵行为为职业，也有人酷爱参观这种表演，据说巴黎最多，有专设的妓院满足这种需要，这种人前者称为 Essayeurs，后者称为 Voyeurs，此外更有私人的俱乐部，会合了男女的露体狂者，那便近于我国所说的“无遮大会”，真是荒谬之至了。

# 露体狂补

一九零六年三月，柏林歌剧院中，时常发现女观众的后衣为人所污，当局乃雇用便衣侦探多人，散居在观众中加以侦查。有一天正在表演《罗汉格林》第二幕的时候，有一位侦探发觉一个观众紧贴到一个女观客的背后，开始作猥亵行为（手淫），当即加以逮捕，才知道这人名 P，是建筑师，据他自供，在戏院中每乘女观客注意台上表演之际，即潜至其后手淫，目的达到之后即遁去。他已犯过此种行为数次。他不知道自己究竟为何犯此，但事后必定懊悔云。

这种行为，是变态性欲种类中的旁门，属于露体狂（Exhibitionism）之内，名为Frottage。就是在公共场所，尤其立在妇人的背后，性欲会突然冲动起来，于是在兴奋和昏迷的状态中，不顾一切的开始作猥亵行为，久之遂成习惯。这种人有一特点，即只注意妇人的臀部，不论老少，从来没有从正面犯此行为者；而且这类人常是阳痿症患者，但在这特殊的场合下，会突然暂时兴奋起来。

伊宾博士（Dr. Krafft-Ebing）解释这种行为，说这都是习惯的手淫患者，对于女性一面憧憬一面又畏怯的心理表现，因此从不敢正视妇女，只是偷偷的从背后加以试验；又因为注意妇女突出的臀部，故其中又杂有拜物狂（Fetichism）的成份。他随即又从麦格南氏（Magnan）的著作中，引证了四个例子，证实他的解释。其中一个是牛奶店老板，酒徒，习惯的手淫者，因在黄昏时夹在群众中手淫，被判处四个月徒刑。又有一个则是四个孩子的父亲，因在一商店中图在一女顾客背后作猥亵行为被捕；被捕后自己十分懊悔，要求加重处罚。第三个是在公共汽车上，图在同车的女客背后作frottage时被捕；据他自己说，每见了妇人的背影，即忍耐不住，自己亦不能控制自己的行动云；结果送入教养院中。第四个则专喜在教堂中玩弄妇女的衣裙，自己即感到极度的狂乐因而射精，有时在梦

中也有这种遭遇。但他意识非常清晰，事后总是十分懊悔。

这种变态的性行为患者，性机能照例不健全；但在特殊的场合下，如城市中的戏院，乡村里赛会节日的群众热闹中，立在一个女性的背后，就会突然的兴奋起来。这种行为，有时是无赖的轻薄行为，有时则是一种病态的流露。

# 色情与广告

与色情有关联的广告很多：电影院，戏院，歌舞班，疗治神经衰弱或美容的医药广告，节育或其他家庭卫生用具，一般人事广告，如征友，征伴侣，教授方言及娱乐等。有的是内容纯正的，但大部份都藉了广告上所说明的为掩护，而暗示幕后的真意，聪明的广告读者也一望就知道登广告者的用意所在。

电影和戏剧的肉感香艳广告，不过是对于内容的夸大的说明，但也有暗示在某一时间或某一节目有秘密表演的。治疗神经衰弱的兴奋剂，有许多都是春药的变相，至于美容和健身的广告，则不少是秘密卖淫的媒介。防毒和节育卫生用具，所卖

的常是刺激性器官的橡皮用具和药品。聘请女书记，征求伴侣，以及公开的舞伴游侣待聘，甚而至于家庭教师和保姆，在黑暗的都市社会里层，许多都是藉了职业作幌子的至于坦白的说明了："巴黎青年女子，擅长交际舞术及各种最新娱乐……"则凡是有经验的都市新闻纸读者，一望就知道这是秘密卖淫的白俄女子了。

关于利用新闻纸作种种不道德的广告及色情活动的，布洛讫博士曾加以研究和分析，据他说，世界最早利用报纸广告征婚者远在二百年之前，是英国一位三十多岁的绅士，自称有资产，愿与拥有三千磅财产的青年女子结婚。另有一位二十五岁的青年，声称有适当职业，父亲行将给彼一千磅财产，愿与一相当女性结婚。

布洛讫博士的色情广告分析如下，他所根据的是德奥的各大新闻纸：

（借款广告）常是"年青善活动的女性"因有急需，向"老年绅士"征求小数信用借款，或是"有为青年"向"高尚女士"请求暂时经济帮助。女的大都声明是独身，新寡，或者不便使丈夫知悉，一时有某种用度。据说有许多私娼都藉了这类广告活动。

（征求职业及友伴）这是最普遍的一种，有的更有同性恋意味，如下列数则：

某高尚女士，年近三十，征求一高贵可靠之士女为友。

某高尚老年绅士，征求品行优良之青年人为友。

至于年轻“女子”，“妇女”，“寡居”，愿为高尚绅士及独身青年之伴侣者，其用意更不问可知。

（房间出租）此类广告时常特别声明“环境便利”或“另有单独出路，不受惊扰”更有专供日间租用者，完全作情人幽会或私娼之寓所。

（私人侦探）此种职业专为人搜集离婚证据，私会及外遇经过，私生子血统等。正当者固不少。但大都受人委托故意伪造证据或奸情，以便作离婚及敲诈之要挟。

此外尚有藉学术通问或教授为名，实行种种不道德之目的。亦有男女双方拟好暗语或密码，藉广告通消息及幽会时间。至于下列广告，则一望而知为性欲拜物狂者所刊登的了：

某青年绅士，高价收买著名女优或名媛淑女之旧鞋，以供私人收藏之用。

# 禁欲问题

关于禁欲的功效和利害，据说是宗教家，生理学家，甚至教育家优生学家社会学家等争论最厉害的一个问题。各走极端，不相上下，然大体归纳起来，不外下列五项意见：

（一）主张一生之中应完全过禁欲生活者，如托尔斯泰等人之说教。

（二）医学立场的相当禁欲说，以男女双方可以发生关系而无妨害为度。

（三）片面的性道德主张者，彼等要求女子在未结婚之前应绝对禁欲。对于男子则认为禁欲是不可能之事。

（四）“费娜”派或“伊薇尼”派，这是根据道德立场，要求男女双方在结婚之前应彼此保持性的贞洁。费娜是德国一部著名关于婚姻问题的小说主人翁，她向男子要求，结婚时男子应以童贞交换女子的贞操。伊薇尼是英国作家撒拉格朗小说中的女主角，她在婚礼进行中将达教堂门口时，发觉她的未婚夫私生活不贞，便立时掉头而去。

（五）否定论者，以为男女两方，无论终身的或一时的禁欲，均为不可能之事。

关于这五种意见，布洛讫在他的名著《现代的性生活及其与现代文明之关系》一书中曾加以批判。据他说，关于第一种的终身禁欲说，可以不置批判，因为性欲是人类的本能，绝对禁欲是违反自然的事，只有脑经不健全的人才将男女之事视作是“罪恶”或“不净”。

第三项片面的禁欲说也错误，因为此等人否认女子性欲的存在，以为女子是被动的，附属的，故在未结婚以前，男子可以享受性的自由，女子则被抹煞。

第五项的怀疑论者，也是似是而非。性欲虽然是人类不可抵抗的本能，但人类同时已是高等动物，有“文明”。文明有转移人性的伟力，可以使人类对于性冲动加以约束，使其不妨

害个人，亦不妨害社会。但这种量力须在清晰认识性本能之重要的社会中才能发挥。

只有第二项及第四项才是处理禁欲问题的理想的正确的态度。男女是平等的，在二十五岁，至少在二十岁以前，应绝对避免发生性的关系，这是有百利而无一弊的，三十岁以上男女的禁欲则颇发生问题，因这时生理机能已至纯熟时间，久加抑压便要发生变态或种种精神上的病症也。至于已婚夫妇，则有常识的健康男女，大都同时都有节制自己性欲的能力，同时，月经和妊娠也是一种自然的性欲调济。布洛讫曾再三劝告德国青年，至少在二十岁以前应避免与异性发生关系。

古代以色列人早就对于男女之事加以限制，垂为训诫，据说上帝最嘉奖的有三种人：一是穷人在路上拾物能归还原主者，二是富人暗中施舍者，三为居住大城中的独身汉而无不净行为者。当时有个住在城中的青年听了颇为高兴，但是教士却说，这并不是指你而说，所指的乃是某鞋匠，他与娼妓杂住一条街上，日日为她们制鞋，娼妓时常到他面前，但他却头也不抬。

关于性欲节制，印度经典也说，人生有八件事运用适中则为享受，过份则有害。这八件事是：行路，财产，工作，酒，睡眠，热水洗浴，针灸，性交。

# 初夜权及其他

初夜权（Jus Primae noctis），是欧洲中世纪封建制度残留的一种奇异的结婚习俗，凡是属于地主领域之内的新嫁娘，结婚的第一夜须让地主享受，这就是说，新娘须将她的处女贞操呈献给地主，然后才可以嫁到夫家。有时丈夫也可以用金钱为妻子向地主赎取这种义务，但接受与否须待地主自己决定。他们有时不要钱，一定要享受新娘的初夜权，丈夫也就奈何不得了。这种初夜权的独占，虽然是地主阶级用他们的金钱和统治势力所维持的一种特权，但在婚姻制度的演进上说，却是有相当渊源的。

人类在原始时代，神权高于一切，代表神的教士或僧侣是一切特权的享受者。人类为了向他们所崇拜的神表示虔敬，或是祈求福赐，便作种种的牺牲和献祭。头生的牛羊和子女，初熟的一串葡萄和麦穗，都是属于神之所有。同时，男女己身的肉体，男子的童贞，处女的贞操，夫妇间的交接，都视作是神圣的东西可以献给神的。神嘉纳了，便会赐福与献祭者，否则便要降祸，因此这一切东西——男子的包皮，女子的处女膜，夫妇间的交合（不是情人的幽会），都视作是最神圣，同时又是最不祥的东西。因为这些东西可以致福也可以惹祸。

希腊人在结婚的时候，新娘就须将她的处女膜献给Priapus（阳具之神），新郎和新娘的家属陪她到神的庙中，新娘单独走进内殿，新郎等在外间等候。这神是一个魁梧的裸体男像，大都是石雕的，表现着热情紧张的姿势，新娘在惊惧敬畏之中，战栗着紧抱住神体，在走出内殿之后，她已经不是处女，而且已获得神的赐福了。

东印度风俗，女子到了十岁便要将她的处女膜献给神，这种残忍的行为大都是由父兄强制执行的，这些神像都是男性生殖器的象征，用木，石或象牙所雕。有些地方则由教士代表着神执行，而且还要收取相当的“执行费”。拿不出手的女子便只好终身做老处女，无人过问，因为处女是神圣而且不吉的，没有经过神的祝福，谁也不敢娶她。

处女的牺牲祭，除了由神或教士代表接受外，更有由女子的近亲（大都是父亲或长兄）执行的，有些地方则由过路的陌生人执行，彼此作为对于神的献祭。巴比伦地方的“米利达”（Mylitta）祭便是属于这种。他们规定，每一个少女，或是已婚妇人，不论贵贱，一生之中一定要与陌生人交合一次，作为对于米利达神的献祭，同时那陌生男子也须献相当金钱给庙中。男子可以拒绝女子，而女子则无权拒绝男子凭了神的名份的要求。据说后世的娼妓，便是由此滥觞。

这一切习俗，在现代人看起来，几乎是可笑而且可耻的事，但在结婚制度和贞操观念的沿革上，这一切是不容忽视的，同时，原｛始｝人的性生活与宗教的关联，也是不容否认的事，直到今天，欧洲的婚礼还要由牧师加以祝福，丈夫可以陪了妻子向教士忏悔，教士可以代表了神饶恕妇人的罪行，正是那些习俗的变迁和残留。

# 贞操与羞耻

贞操是一个没有定义的名词，它随了风俗习惯，宗教种族，时代环境为转移，但在精神上说，它的目的是一贯的，而且是人类可崇敬的一种美德。但这里所夸奖的贞操，不仅限于肉体，而且也不是男子娶妾时以是否处女而判决代价高低的那种所谓贞操。合理的“贞洁”和“不贞”是有相对性的，而且不限定与“性”有关，更不限于女子。一个十八岁的女子，被欺骗了与一个男子结婚，几年后终于离婚，她热烈的爱上了一个男子。这个女子，不仅她的爱是纯洁的，她的身体也是纯洁的。

孟特加沙氏（Mantegazza）曾将羞耻心的有无以判别贞操，将女子分为“无羞耻观念的”，“半有羞耻观念的”，“有羞耻观念的”三种，而各给以分数，从零分至一百分。鲍尔氏（B. A. Bauer）在他的《妇人论》中曾加以嘲笑。他说，照孟氏的分级给分法，那么，新加利多尼亚的妇人，看见法国水手就掀起短裙举手相邀的，一定在零分以下，而一个不孕的妇人，为了不肯受医生检验子宫，宁可终身无子，一定可以得一百分甚至一千分了。但事实上并不是这样，后者是虚伪的尊严观念作祟，前者则在她们的社会中，根本不将这样的行为认为“非法”。

又有人以衣服的有无和多少，来决定羞耻观念的有无，对于贞操的重视与否，但这也是很难说的。有许多地方，胯间仅是挂着一片香蕉叶或兽皮的种族，他们对于破坏他们“性风俗”的人有最残忍的处罚，而在文明社会里，穿最华丽最精致的亵衣的女性们，她们的贞操常是有问题的。

埃及和亚拉伯的妇人，终身蒙面，不让陌生男子窥见她们的面部，据说她们未带面纱而突然遇见男子时，便将裙子扯起来遮住面部，即使下体裸露出来也不顾。和这相反的，彭吉斯地方的男女，浑身精赤，只用几片树叶遮掩下体，但他们的孩子一到断乳之后，便与父母分卧，而孩子长成之后，必须搭屋另居，从不同住一处。

依据文明人的羞耻观念，最无耻的该是爱斯基摩人了。他们的睡眠，一家男女大小脱得精赤，共同钻在海豹皮之下，翁姑和子媳的人伦大道从不避嫌，万一有客人留宿时，大家便挤得更紧一点，女儿们大都睡在客人的贴近，用以表示主人待客的敬意。但在他们并不认为这样是无耻，因为他们对于女子的社会地位根本与我们异样。

有许多未开化地方都将女子视作货物，女儿是父母的财产，妻子是丈夫的财产。因此，只要女儿的行为不影响婚姻上的利益，父母是不过问的，而丈夫为了增加收入，也可随时将妻子租给过路的独身客人。女人根本不需要贞操。

文明人对于女子所要求的贞操，实际上也是将女子视作货物的变相，因此所注重的是肉体的完整，货物成份的保证而已。合理的贞操观念，必需是男女相对的，一种精神上的信念而不是仅限于性器官的事。

# 结婚异俗

在一般人的心目中，结婚的仪式，总不外旧式结婚与文明结婚两种，至多再加上一种时髦的集团结婚而已，殊不知道这一套男女的喜剧（悲剧?）是经过了几千年的变迁和进化，方达到目前的形式，同时许多奇怪的结婚仪式和风俗一直到今天还保存着，使我们于惊异之外，清晰的辨出它进化的遗迹。

目前结婚的制度，一夫一妻制（Monogamy）是举世公认的最文明最合理的制度，虽然有些宗教和法律承认一夫多妻制（Polygamy）或一妻多夫制（Polyandry）的存在，但那仅是极少数的例外。

没有结婚制度以前，人类所处的是杂交（Promiscuity）时代，动物一样的双方享受着性的选择和竞争自由，没有任何限制和缚束，再进一步，便到了原始的集团结婚时代，这其中仍没有个人成份，乃是“族”与“族”的结合，甲族三十个男子与乙族三十个女子结婚，每个女子是三十个男子的公妻，每个男子也是三十个女子的公夫，有了孩子便属于母亲，这是母系中心时代的现象，男子处于附属地位，只是履行“供给种子”的义务而已。

以男子为中心的结婚制度，是母权消失父权逐渐抬头以后的产物。这时，孩子开始属于父系，而妻子也是经过掠夺或强奸的武力获来。女子被屈服之后，男子便有了真正的“家”，同时以个人为本位的婚姻制度也成立了。在这样情形之下，女子开始成了附属品，成了男子的财产，于是一夫多妻制便产生，而丈夫对于妻子不仅可以管辖，而且还可以视作货物一样的交换买卖了。

掠夺婚姻，女子是男子用生命之力搏战而来，是战利品，所以要防止她的逃脱，因此成功之后务要使她远离母家，以免她潜逃，据说欧洲人的蜜月旅行便是这种风俗的变迁。结婚仪式要经过战争式的武力解决，许多男子共同追逐一个女子，或是男女双方决斗，这风俗一直到今天还在许多地方流行，中国人的抢亲，也正是掠夺婚姻制度的残苗［留］。

在这情形之下，妻子的贞操和是否处女，是属于问题之外的。据说在西郎（Serong）地方，婚礼的酒食要由女子自己担负。她在结婚之前自己沐浴更衣，到某一个庙中坐候，从每一个与她发生关系的男子手中索取代价，直到足够结婚费用之后才回家。在婚礼的喜筵席上，有一钵清水上面铺着一张叶子，一位老妇人扶着新娘的右手，使她用食指将树叶戳破，表示已由处女变成妇人，于是婚礼便告完毕！那戳破的树叶则高挑在屋顶上，这是对于村中尊长的通告，在这夜间，他们是随意可以进入新娘房中，向她表示“敬意”的。

利地亚（Lydia）地方的新娘，在结婚之夜，贺客也可以进入房中向新娘作肉体上的致贺，事后付一点代价作酬。据说今日结婚礼物实是这种酬报的变相，而欧洲人和新娘接吻的风俗，也正是另一种行为的替代。

# 妻的买卖

世界上有许多地方，要讨妻子的男子，只要按照市价到市场上去购买，不要的时候，可以拆［折］旧卖出去，或者像旧汽车一样的贴换一个新的，这情形虽然使许多摩登小姐听见了不高兴，但想到她们订婚时所需要的种种费用，父母所需要的聘礼，可知这其间也不过是五十步与百步的距离而已。

买卖婚姻是掠夺婚姻的进步，将武力改作了商酌方式，向女子的父母纳相当的代价，而将这女子的所有权转移，与其说是婚姻，不如说是男子购置了一份家产而已，女子的市价要因了年岁容貌及工作能力而定。在澳洲的土番中，一个妻子的价值是一把刀，一只玻璃瓶，或者一只鼻环；在比较开化的印度土人中，买个妻子的代价比较高些，价格的差异是从一头猪到二十条牛之间。冰岛妻子最便宜的价格是一先令，在佛奈斯兰却要英金八磅。有些地方，女人的价格更与家畜和牲口的价格一律，据说印度某地方的酋长，有一次向一个船长买一块火石，说明以猪两头作价，但上岸之后只弄到一头猪，于是便以一个妇人作抵。

斯特姆（Bernhard Stern）在他的《俄罗斯社会道德史》中曾说起，买妻的风俗盛行于高加索一带，一个鞑靼少年如果要结婚，这就是说，如果要买一个女人，只得向幸运的有很多女儿的人家去物色，一个女儿的价格大都是五百到七百卢布，但有时也可以二三百卢布加一两头牛羊的低价成交。少年人很穷，为了买妻子必需借款，而这样的债务往往要等待自己有了女儿出卖之后，才能归还。因此鞑靼人对于妻子选择的标准，一定要耐劳能干，会养女儿，否则这笔生意便要亏本了。

购买妻子时，和买卖普通货物一样，买主自己先将货物看清楚，有怀疑之处，则请女眷将妻子领到僻处，仔细加以察看。成交之后，也和普通货物一样，货银两讫，大家喝一杯酒，握手而散。

一九零三年，俄国柏特罗夫加村的警察局，曾收到某村农夫的一封信，要求代为将附来的广告公布，广告的内容是，他有一个二十多岁的妻子和两头小猪要出让。妻子很美丽，耐劳吃苦，不过性情凶悍，喜欢吵嘴，小猪则很肥壮。两者一共廉价二十五卢布出售，如合意者，买方可以C·O·D（收货付款）办法付款，不合退还。警察当局以为这农夫有神经病，派员加以调查，发现这农夫头脑清楚，与常人无异，他说这妇人终日吵闹，使他生活不安，所以贬价以求脱手。询问女人，女人当然不很高兴，但是并不抗议男人这样的行为。

不仅在俄国，此外在英国德国，挪威冰岛，有一时期都盛行过妻子买卖的事，中国当然也不是例外。

妻子可以买卖，男子当然一夫多妻制。孟特加沙氏曾说，伊斯特雅加地方，一个女子的价格是：四十金卢布，两张鱼皮，六码红布，三件男子外套的衬绒，一只大锅，两只小锅，三件女衣，四袭女衣皮统，二十九张白狐皮，四张海獭皮；沙谟亚人买一个女人，有时也要花一百到一百五十只驯鹿的代价。因有一个酋长曾谦逊的说，女人的价格太贵，所以他仅有五个妻子！

# 塔　　布

在原始人的心目中，自然界最大的神秘现象是“生殖”，以为是神对于人类最大的赐予，因此人类对于神的敬拜，也以这同样的行动来报答，以为神既然希望人类蕃殖，那么，人类将这行为贡献给神，不是会蒙到更大的祝福吗？这就是性与宗教的关系，也就是原始人将“性交”奉献给神的真意。现代人对于“性行为”的一切猥亵观念，在原始人中是根本不存在的。

经过了杂交时代的未开化民族，虽然没有一夫一妻的婚姻制度，但彼此也成立了一种“塔布”（Taboos），即所谓性的

禁例，如乱伦，蒸淫，兄妹通奸，血族相奸等，都在禁止之列。这种禁例在平日是森严不可侵犯的，但是到了某一时期，这就是说，人类以最敬的典礼祀神的时期，一切都开禁了，因为这时的一切行动都是献给神的，因此一切行动也都是神圣的。平日抑压的未开化人的热情，在酒醉舞酣之下，一切都奔溃了。

这种行为可以加讫奴亚人（Kauchiluas）的疯狂的典礼为代表。

这种典礼都是在森林中的神庙里举行，男女单独参加。男子径直入内，女子则在门口留住，她们逐一脱下自己的衬衣交给教士，教士藏在一只盒子里，另给她们每人一块牌，像现代衣帽室里的对号证一样，是她们衬衣的收据。然后女的也进入庙中，于是典礼也就开始了。他们男女相混，一同唱歌祷告跳舞，情绪也愈来愈紧张。到了顶点的时候，教士就走到庙中，将藏有女子衬衣的盒子逐一分给男子，然后女子凭了她们的牌子对号，相合的就成了今夜的伴侣。对手也许是一个陌生人，也许是一个青年男子，也许是老人，也许是自己的父亲或兄弟，一切都不能预知，然无论情形怎样，两个人今晚总是一对，而且必须履行最神圣最终的祀神典礼——性的交合。这典礼是在狂叫跳嚣之中举行。

一切平素的禁例，到此都成了神圣的行为，只有不遵行的，反而要获到渎神的罪过。然而这是不会有的事，无论你是父母子女，平素最贞洁的妇人，到此都将这种分配视为是神的旨意，庄严的履行着。

加讫奴亚女人的衬衣，在这一夜，扫除了人类一切关于性的障碍，回复到原始杂交时代的绝对自由上去了。

“塔布”最大的禁例是乱伦和血族相奸，但关于妇人的不净，如月经等，也是禁止触犯的，犯了的便要烧死或用石头打死。不过，他们的禁例，与其说是为了“风化”和“健康”，倒不如说是为了触犯神怒之故。古代人所崇拜的神大都由不正当的交合而产生，因此神也就不愿人类触他们的短处了。

# 蛇与宗教

不怕蛇的人是很少的。这一种普遍的恐惧，也许就是蛇被崇拜的动机，因为一切可以致福或致祸于人的现象和生物，在原始人心目中都被视为神圣而加以崇拜。此外，蛇的一年一度的蜕皮，被目为永生的表现；行走无声，藏着浓重的神秘性；它的尖锐的目光，流露着狡狯；身体的形状，近于男子生殖器，这一切也是间接使人对于蛇敬畏崇拜的原因。

在原始艺术中，一条直竖的蛇是热情的象征，同时也就是男子权利［力］的表现；所以在许多神像手中所握的杖，都是两条蛇相交而成。

埃及人和印度人是著名的崇拜者，美洲土人和南洋群岛一带的土人也都是蛇的崇拜者。蛇是男性的代表，是智慧和蕃殖的象征，因此最拜蛇的当然是女人。女人可以从蛇庙的教士身上祈求获孕，有些地方每年更选定了一些女子作为蛇的太太。有杀害了蛇的，便要遭受重刑，因为他亵渎了生殖的神圣和男性的权威。

蛇既是男性的象征，当然也有它的子孙，因此有许多地方的未开化民族都相信他们的祖先是蛇，或是蛇与女神相交而成。不用说，在这样观念下，蛇当然被视为神圣的了。

基督教与蛇有不解的冤仇。因为人类一切的罪孽和痛苦，都是受了蛇的引诱，据《圣经·创世纪［记］》说，上帝所造的一切生物之中，蛇最狡狯，蛇便引诱亚当的妻子夏娃，叫她偷吃禁果，吃了以后便可与上帝一般聪明智慧，女人耳朵软，便真的偷吃了，而且还给她的丈夫亚当吃，因此上帝大怒，将他们逐出伊甸园，而且分别加以惩罚：

> 耶和华上帝对蛇说：你既作了这事，就必受咒诅，比一切的牲畜野兽更甚，你必用肚子行走，终身吃土。……又对女人说，我必多多增加你怀胎的苦楚，你生产儿女必多受苦楚，你必恋慕你丈夫，你丈夫必管辖你。又对亚当

说，你既听从妻子的话，吃了我所吩咐你不可吃的那树上的果子，她必为你的原故受咒诅，你必终身劳苦，才能从地里得吃的，你必汗流满面，才得糊口，直到你归了土。

蛇的这场祸真闯得不小！据说，人类如果不受这样的咒诅，男女可以长生不老，不用工作，女人也可以不用怀胎的方式传接后裔，至少也可以“无痛生育”，而且也不致闹恋爱把戏，受男子统制。男子更可终身优游，不必“汗流满面，才得糊口”了！

然而蛇所受的刑罚也不小。据说蛇本来有四只脚乃至八只脚的，这样一来，只好用肚子在地上爬了。不过，据哥尔德堡（B. Z. Goldberg）在《圣火——宗教中的性故事》中说，上帝当初创造的万物，言语都是相通的，蛇看见夏娃与亚当的私生活，不觉爱上了夏娃，想诱奸她。蛇劝夏娃吃果子，不过是“搭讪”性质，不料竟因此闯下大祸也。

# 生殖器崇拜

生殖器崇拜（Phallic Worship）是最原始的宗教，也正是后世一切宗教的泉源。原始人发觉人类不经交合不能生子，一个单独男子或一个单独女子并不能蕃殖，故除将交合视为神圣的行为外，并对男女交合的工具——男女性器官——直接加以崇拜，视为蕃殖之神，这就是生殖器崇拜的起源。

埃及和印度是生殖器崇拜最流行的地方，古代罗马也有象征生殖器的神像。印度人的所谓 Lingam 和 Yoni，便是崇拜的男女生殖器。

埃及人崇拜男性生殖器，这一直到今天，还可以从遗留下

来的许多神像和建筑上可以看出来。崇拜男性生殖器的原因，据说还有一个神话可供解说：爱西斯（Isis）和奥西利斯（Osiris）是埃及古代的两个大神，他们二人是兄妹，同时又是夫妻。后来奥西利斯给太风（Typhon）谋杀了，将他尸身剁成细块，抛掷各处。爱西斯给她的爱人收尸，到各处去收集，奥西利斯的尸身各部份都寻获了，只是缺少生殖器。爱西斯寻遍各处，仍是毫无影踪，于是她只得以木头雕了一具生殖器，极度加以爱护。这就是男性生殖器在埃及被崇拜的由来，也就是木石雕制的生殖器到处可见的原因。

男性生殖器神像大都只是一具向上直竖的生殖器，也有是一个完整的裸体男像的，不过比例大都不称，生殖器特别庞大，这种神像散见于郊外，城门口，公共建筑的庭院，妓院的门口。有许多更是成双的。更有蜡制的或玩具一样小形的，则供妇人献祭之用，在崇拜生殖器的庙外多有出售。妇人将这献给神，一面祷祝着“Santo Cosmo Benedette，Cosi Voqlio!”，这意思是说：“可敬的圣科斯玛神哟，让那个也像这样罢!”

这种出售的生殖器神像，大都剑拔弩张，作兴奋勃起之状。售价并无一定。有人见询，售者总是说：“出价愈高，其效愈灵。”

女性生殖器的崇拜，则在印度一带流行。女性器官被视为“众生之门”，是生命的泉源。又原始人对于生育的见解，以为“种子”本生存于男子体中，不过经过交合的手续，移到女子子宫中去长成，故女性生殖器又被视为滋生茂盛的象征，印度田间在收获时，多用石块堆成女性生殖器形状，加以祝祷，便是这种用意。

女性生殖器的造形复杂，脑经单纯的原始人便以种种象形来替代。因此今日所见的女性生殖器神像，大都是雕成橄榄形或尖圆形，更有三角形的，用以象征女性的阴阜和阴毛。今日的教堂门窗建筑，有许多是作尖圆形而重叠内陷的，据说就是女性生殖器崇拜的遗迹。因为一切门窗都是“女性”的象征，这是各种宗教经典中惯用的隐喻。

男性生殖器有反抗地心吸力的特征，在原始人的心目中，一切向上的物件都是男性器官的代表。有许多地方的生殖器崇拜，神像都是一具尖长高耸的石柱。从印度流传过来的“塔”，正是男性的代表，而佛门子弟圆寂后的骨塔和经幢，表示着“舍利子”不灭，其形象和用意都是生殖器的象征。

# 谈尸体检验

在过去，中国官厅的对于尸体检验，大都凭了一部《洗冤录》及仵作的个人经验，虽然也有不少是处，但到底不明人体解剖及生理学，又加上许多阴阳果报的臆说，结果便不很可靠，如说人骨有三百六十五节，系案周天三百六十五度，男子骨白，妇人骨黑，这实是浑话。更荒谬的是，他说妇人产门之上多羞秘骨一块，伤者致命，而这羞秘骨有特殊作用是：

> 妇人隐处，其骨为羞秘骨，不可检验。设有青色，难执为伤。盖女子从一而终，则骨白如壁。再醮一人，即有一点青痕。倘不自闲，阅一人则加青一点，若系娼妓，则

青黑殆遍……

人体构造虽然神秘，但像这样一块骨头竟有现代数学计数器的功用，却恐未必。

现代的尸体检验，是属于法医范围。医学发达，检验器械又完备，所以是十分科学的。但也正因了这种特质文明的发达，犯罪的范围也十分广阔，而杀人犯的手法又变化百出，所以要定鉴一具尸体，断定他的死因，时间久暂，伤痕真伪，被杀抑自杀，也不是一件容易的事。若更进一步，尸体已经腐烂割裂，那就需要更繁琐的科学检验了。

尸体检验，要决定男女性别，在尸体新鲜时固不成问题，但若已经腐烂或支解，便要凭解剖内脏或骨骼来决定，普通情形，可以依据阴毛发生的状态及乳部来决定男女，但有时也有女子的乳部平坦，而阴毛则和男子一样生至脐部的，所以未可一定。解剖内脏则可以从子宫的有无以决定男女，因女子子宫在身体组织中最不易腐烂，常有外部皮肉内部腑脏已经腐败不可辨，而子宫仍完好者。又从盆骨及头盖骨的比较上可以判别男女，但这需要专门家才能决定。

一般的尸体，一定要发生两种现象。一为尸硬，一为尸斑。前者因死后肌肉短缩，故全身关节僵硬，这大约在死后二

三小时内就开始，但若流血过多或窒息以死，则这种现象发生较迟。尸斑是血液沉定的结果。仰卧者则发现于头顶腰背等部，俯卧之尸则发现于颜面胸腹等处，缢死者的尸斑必在下肢。尸斑的颜色是青赤色。从尸斑的位置可以推定尸体的位置，所以在检验上颇为重要。

在一般的天气下，尸体经过四十八小时后，便由硬而软，内脏开始腐败，从腹起部逐部变色。所以根据尸体的软硬可以推知久暂。

检验尸体，除尸体本身外，对于附着的衣物，血痕，尸身的特殊情形，也应注意。因为从这种种上面不仅可以帮助判决死因，死者的环境和职业，而且间接还可作缉获凶手破案的线索。

现代的杀人犯，时常有极科学的杀人方法，或移尸毁坏颜面等消灭证据的行动，故对于尸体的检验，也必以精细科学方法对付之才可。

# 性的拜物狂（上）

在性爱的发展上，对于异性每个人都有一点拜物狂。我们时常发现恋爱的对手某一部份或某一点特别可爱，印象特别深刻，因此对于这一部份或这一点便特别留意，甚而因了这关系觉得对方更加可爱，这种现象，便是性的拜物狂（Sexual Fetichism）的表现。

拜物狂的目标大概可分为三类。一，属于身体的某一部份；二，身体的某种机能和散发排泄出的气味与液体；三，与身体有关的任何物件。

在第一类之中，如手，脚，鼻，耳朵，眼睛，头发，胡

须，颈项，乳部，臀部，生殖器官等，这一切都可以成为性的崇拜的对象。

第二类则包括个人的行路姿势，动作，声调，目光，臭味，肤色等。每一种都可以引起特殊的爱好。

第三类，就大体说，可以衣服为总括。但个别部份，如上衣，下衣，衬衣，衬裤，亵衣，裙，鞋袜，手巾，衣料（毛织、丝质、皮货），衣服的色彩和式样，以及帽子，眼镜，领带，头发的式样，都成为性的拜物的对象，甚者，鞋子的鞋根，衣服上的一枚钮扣，都足以在把晤之下引起性的快感。

性的拜物狂和一般爱好的分别，在于后者是常态的，有理性的，因人而及物。前者则截然相反，常因物而及人，甚或只爱其人身上的某一部份或某一物，对于其他部份则漠然无关。

性的拜物狂更可分为广狭两种范围。狭者仅就其人本身上某种优点，如皮肤白皙，头发光黑等，加以爱好。广者则视其人之一巾一袜，俨然为其整个崇拜对象，与其人身分离，并可由此获得性的满足，这实是真正的性的拜物狂。

人身的一切和它的附属物件，既可以成为性的崇拜对象，于是就发生了一种奇怪的现象，就是不以身体的一部份，而以整个身体为性的崇拜对象。这种情形不可与一般的恋爱混为一谈，因为此时所崇拜的并非其个人，却是其所代表的“某一种类”。这种可名为种族的拜物狂（Racial Fetichism）。

这纯然是一种异国趣味的表现。在欧洲的各大都市，有不少的非洲人，印度人，阿剌伯人，黑人和东方人寄住，在报章新闻上时常发现他们和欧洲白种人有色情的纠纷发生。这不是一般的恋爱或卖淫。异族人的一切，容貌，肤色，体格，举动，对于另一个种族有时是一种诱惑。虽然黑白种族隔阂甚深，但是欧洲有许多女士爱好黑人，更有白种妇人公然光临巴黎的黑人男妓院，而欧洲男子也特别爱好黑种女子，这完全是种族的拜物狂。

美洲也是这样。高傲的白种妇人时常为了某一种目的私昵一个黑奴，而黑色女子更是美国绅士的特殊嗜好。同时，白种人在黑人眼中的魔力也极大，不断的黑人强奸白种女子的发现，实是形成南美仇杀黑人的一个主因。

# 性的拜物狂（下）

在女性身体上，最普通成为性的拜物对象的是头发的丰富光泽和色彩，时常引起种种特殊嗜好。一般西洋人都爱金黄头发，也有少数人爱红发女头的，妓女为了迎合客人的嗜好，时常将头发染作种种颜色。头发的式样和气味也是崇拜的对象。世界各地女性发型的岐异，与其说是装饰的，不如说是应了各种男子不同的爱好而发王。

女性头发崇拜者，时常因了头发的特殊气味和柔软的触觉，引起性的快感，据阿讫荷尔兹（Archenholtz）记载，有一位高等英国绅士，专爱为美丽的妇人梳发，说有无穷的快感。他有一位情妇，并无他种关系，仅是专门满足他这种变态的需要。在高兴的时候，就要她将头发散开来，任他随意的抚弄。（见阿氏所著“英国与意大利”第一卷。）

头发崇拜的极端，便发生偷剪辫发的犯罪行为。这种人专在穷乡僻壤或闹热区域，偷剪妇女的辫发并不是为了卖给假发，否［商］牟利，而是供自己个人的收藏和欣赏。一九零六年德国柏林曾捉获一个剪辫犯，在三月之间他剪过十六个少女的辫发，分门别类，一一加以地点和日期的说明，他直认不讳由此获得无上的快感。

头发之外，阴毛也成为性的崇拜目标，许多同性恋的男女，时常交换彼此的阴毛，藏在贴身，珍如拱璧。加奈尔氏（Garnier）记载，他知道有一个人专收集女子阴毛，用嘴咀嚼以资快感。他贿通了旅舍的女仆，在女客人起身之后到床上去搜集，一有所得便兴奋得浑身战慄。

毛发崇拜的反面，据侯希费尔德博士，柏林有一个娼妓喜欢秃顶男子，有些种族的人更在春情发动之后，将毛发剃去作为标识。

耳目口鼻都是性的崇拜目标，这可以无须详述，尤其是眼睛，不知有多少人，仅为了眼睛的原故才颠倒一个异性。乳部可以成为特殊的崇拜目标，据魏特诃斯基（Witkowski）记载，曾经有位真正的“书淫”，用妇人乳部的皮肤装帧书籍，使乳头恰巧蒙在封面正中以作装饰。此外，一般的爱好人皮的人也有。

生殖器的拜物狂，时常与宗教中的生殖器崇拜相混。据说男子在妇人眼中，严格的说，实不过是“性器官”，因此妇人可说是普遍的生殖器拜物狂，而所谓“品箫”（Cunnilinctus），则可说是对丁生殖器之味觉的崇拜。据说有人将雪茄烟塞置阴道中，然后取出燃吸，这可说是性的味觉崇拜到了顶点的。

排泄器官的排泄物和臭味也成为性的拜物对象，曾有人喜爱女性在他的身上或掌中排泄，这种都是性欲被虐狂者的拜物狂现象。

妇人的脚，鞋袜，以及亵衣衬裤手巾等，都是性的拜物好对象，这种爱好时常和犯罪相伴，因为这类性欲变态者已使物件与人身分离，单独加以迷恋，因此都市中时常发现专偷女子衬衣或手巾的人，在家中可搜出大批赃物，此种人并非小偷，却是藉了这些物件用种种变态方法去满足自己的性欲。

# 自爱与自渎

所谓“自爱”，并不是君子洁身自好的自爱，而是霭理斯的 Auto-Erotism 的译名。据霭理斯的定义，不由于他人或异性的少许激动而引起的性冲动，统名之 Auto-Erotism。日本人译作“自己色情”似乎有点费解，因此爽快的名之为“自爱”。

自爱的现象，一般总以“手淫”一词包括之，实则，手淫是自爱的最普遍的现象，却不是全体，所以霭理斯提出“自爱”这新名称后，颇获得一般的赞许。

更有一个与这种现象相合的名词是“自渎”（Self-abuse），

这范围是比手淫包括更广一点的。因了字面上已经含着非议和惩罚之义，所以一向为宗教家或道德家所沿用。

法国人一向用“俄南主义”（Onanism）这名称包括种种自爱的现象，甚至有些同性恋的现象也包括在内，实是错误的。所谓“俄南主义”，是根据《圣经·创世纪［记］》三十八章的记载：

> 犹大为长子珥娶妻，名叫他玛。犹大的长子珥在耶和华眼中看为恶，耶和华就叫他死了。犹大对俄南（次子）说：你当与你哥哥的妻子同房，向他尽你为弟的本分，为你哥哥生子立后。俄南知道生子不归己有，所以同房的时候，就遗在地上，免得给他哥哥留后……

从上面的记载，可以清晰的看出，俄南的行为是“中止泄精”（Coitus interruptus）的避孕举动。也许在道德家眼中是“自渎”，但实与“自爱”无关。

自渎的手淫行为，与其说是病态，不如说是本能，因为这已经是一种普及世界的“常识”。有人以手淫为是文明病，是性欲被抑压的现象，过着性交自由生活的野蛮人是不会有的。其实，未开化人的手淫习惯，无论在男女方面，都比文明人更厉害。

不仅人类，几乎一切生物都知道手淫。一个细心的动物园游客，只要他有耐心观察，可以发现这句话的证实。据霭理斯说，猿猴不必论，其他牛羊犬马，羚羊野鹿，都知道手淫，鸟类手淫的也很多，就是水族，雄鱼也会在寻不见雌鱼的时候，自己将腹部在石上或草上去磨擦。

一般动物的性生活都是有周期性的，到了一定的时期而找不到配偶，大概都有手淫的倾向，这正是自然界的普遍现象。

在给一般读者阅览的报纸上谈论这问题，危险是太大的。因此恕我不能多讲了，我且抄一首诗来作结束罢。这是《天方夜谭》中歌颂"香蕉"的：

啊，皮肤光润的香蕉哟，你使少女的眼睛张大……你，在一切果物之中，是独具慈悲心肠的，嫠妇和弃妇的慰藉者哟！

自爱的方法和工具正是无穷的。

# 卖淫考

据霭理斯说，娼妓是文明的产物。一般人以为娼妓无时无地不有，这是夸张的。在许多未开化民族中，娼妓是不存在的，因为娼妓制度，至少要在人类将性生活划归于结婚生活之后才产生，在不将婚姻关系以外的性生活加以鄙视的社会中，娼妓是不存在的。至少，职业的娼妓不存在，至多是某种程度的“业余娼妓”而已。

许多未开化民族中的妇人，接受异性的一点财物之后就可以发生关系，但这种行为并不是卖淫，因为彼此的关系是暂时的，而所接受的乃是求爱的礼物，并非代价性质。非洲和亚洲的一些民族，尤其是爱斯基摩人，家中有客人来到，家主总要命妻子和女儿陪客人同睡，认为是一种礼貌，客人拒绝了便是瞧不起主人，客人临行当然要留下种种礼物，然而这绝不是卖淫的夜度资。娼妓的产生，乃是在通行晚婚和认结婚生活以外的性交为非法以后才出现，这是确切不移的定论。

关于娼妓的定义，虽然看来很简单，但是各家也有各家的主张。从表面看来，一个出卖自己肉体的妇人是娼妓，但出卖的范围是很广的。许多妇人为了获得安定的生活才结婚，更有公开登报征婚。要求对方须有“赡养家庭能力”始合格者，但这种妇人我们不便说她们是娼妓。又有主张妇人和多数男子发生过关系的是娼妓，但这也是不平等的定义，因了依据这定义，男子多半将成为“男妓”，尤其在现代意味上，更有专供女性同性恋需要的娼妓存在，这定义更无法包括了。比较合式的倒是罗马人的定义：“娼妓者，乃是为了金钱之故，公开的不分选择的将自己肉体供给男子的女性也”，这定义的唯一缺陷乃是偏重女子方面，所以霭理斯综合了各家定义，定了一条比较完善的现代化的娼妓定义：

所谓娼妓，乃是无限制的以供给异性或同性发泄情欲为职业的人。

妇人论者布耳以女子为中心，他认为一般的娼妓定义该是：为了金钱之故，经常不断和数个男子发生关系的女子是娼妓。他以为这定义至少能包括三点：一，性交的职业化。二，杂交，对手时常变换。三，以自己肉体供给他人作性行为而收取代价。

是的，从一般的意义上讲，这是一条比较合理的定义。

卖淫制度的起源，无疑的与原始宗教仪式有关。不过卖淫的妇人并不认为“娼妓”，而是她们对于神的一种义务。妇人是人类蕃殖的工具，为崇敬蕃殖之神（这神在各个不同的民族中各有专名）之故，妇人便将自己献给神作祭，这祭礼的终典便是和庙中的教士或他人性交，取得相当的代价献给神作供奉。无论贵贱都要一律履行，每个妇人必需经过一次，否则便要遭受神的惩罚，终身不孕。这实是卖淫制度的起源，后世不过将卖淫所得，从神的手中攫为己有而已。

# 宗教卖淫

所谓宗教卖淫，就是古代妇女将自己肉体奉献给神的风俗。这种专司人间蕃殖的神祇，名称不一，随种族而异，如Ceres，Astarte，Isis，Mylitta 都是同一性质。为了崇敬神，这些妇女必须将自己供给一个陌生人享受，取得一点酬报，作为对于神的贡献。这种举动，在当时是十分严肃的，但从文明人的眼光看来，实无异于卖淫，况且从这种风俗上，更进一步，有些女性将自己的肉体终身献给神，长期住在庙中，以性交供男子作献祭或赎罪之用，取得相当的酬报，即所谓“庙娼”（Temple Prostitution）。这种演进，已逐渐脱离“生殖器

崇拜”意味，蜕为真正的卖淫了。

关于宗教卖淫的仪式希腊著名历史家希罗多德氏（Herodotus）在他的名著《历史》第一卷中曾说得很详细：

> 巴比伦人有一种十分可耻的风俗。国中生长的妇女，一生之中必须经过一次，去坐到委纳斯女神的庙中，和一个异乡人交媾。有许多富家妇女，不愿和常人混在一处，都坐了轿车，跟着一大群侍从，这样去到庙中。但大部份都坐在圣坛之内，头上带着一道绳圈，熙熙攘攘，往来不绝。在各群妇人之间有绳索分成的道路，以便异乡人可以挑选。妇女来到庙中坐下之后，便不许回家，直到有一个异乡人看上了她，丢一枚银币在她的膝上，带她离开圣坛。丢银币的时候，他一面要这样说：愿女神密丽达祝福你！银币大小不拘，不得拒绝，因为这是法律所不许的，既经抛出之后，就成为神物了。谁第一个向她丢钱，她便跟谁去，不得推拒。她跟他去了之后，完成了女神的愿望，然后始可回到家中。从这以后，无论任何大的礼物，也不能买动她了。妇人生得美丽长大的，很快就有人挑选，丑陋的要等待很久才能完成她们的义务。有的要在庙中等待三四年。

这种风俗的演进，有些妇人终身献给神。用自己的肉体养活庙中的祭司，这便成了“庙娼”。庙娼的来源，有些是家长犯了罪，将自己的女儿献给神赎罪，有些是和“丈夫”不睦，甘愿“落发修行”。她们除为庙中执役之外，还要学习种种祀神的仪式的和技术——跳舞和爱的技术。

开店要生意兴隆，神也希愿她的信徒众多，为了这种原故，女神的经常信徒多半是孤独的旅行者，水手，异乡人。庙娼和祭司们为了便于这些信徒还愿或献祭起见，便将庙筑在十字路口或码头附近。无疑的，急于要作“性的献祭”的信徒们，都可以就近完成好事了。

最初，献祭的代价并无一定，但日子久了，人多了，渐渐的便形成了一种规则，大家只要照规则纳费就行。男子以金钱或货物，庙娼以自己的肉体，共同献给神以求祝福，祭司便藉以维持香火。

后世的卖淫制度虽然由此滥觞，但严格的说，这种庙娼的举动实不能说是卖淫，因为他［她］们已经将自己的劳动和劳动所得献给神了。

# 职 业 卖 淫

宗教仪式的庙娼，自从可以接受他人的金钱，代为举行“性的献祭”以后，她们的行为便职业化了，这是职业卖淫的起始。但这种变革是逐渐的，我们不能从历史上寻出真正的职业卖淫的确实出现期，只知道在文明发达的希腊时代，已经有妓院和官娼的存在了。

希腊的妓院，名为 Dicterion，里面的妓女当然都是官家的奴隶，按照各人的学识容貌和技艺分为三等。头等妓女名 Hetairae，各人不仅容貌超群，而且学识也上选，熟悉政治情形和礼节，可说是交际花而兼女学者。她们都是贵族的情妇，而且有时竟是政治家的顾问，许多国家大事都由她们在背后参与。她们可以公然出入各种上流社会，分庭抗礼，而且受到尊敬。

二等妓女名 Aleutridae，这是艺术家性质，类似今日的歌妓。他们都熟悉歌舞音乐，可以在宴会上侑酒娱客。远方来的客商，只要备足资斧，当然她可以留客。

三等妓女名 Dicteriadae，这是最下等的一种，专供水手，奴仆，工佣等寻欢买笑之用，在通商的海口更多。

到罗马时代，娼妓的发达更不用说；据山格尔的《娼妓史》所载，罗马的娼妓类别更多，最上等的名 Delicatae，半公开性质，都是达官贵人的情妇。其次名 Famosae，可说是“名媛”，都是出身名门，她们卖淫的目的，不是为钱，便是享乐。其次名 Doris，都是美貌妇人，可说完全以色相来号招的了。下等的有 Lupae，都是住在野外树林中，庙沿下或破屋中，她们在僻静处或小街上接待顾客，因为那时的罗马是没有街灯的。一种名 Elicariae，是一种卖饼女郎，以面制成男女生殖器形状，在庙门口卖给人献祭，自己便也兼操卖淫的副业。Bustuariae，住在坟场附近，专为人举哀或料理死人的，也兼操副业。Capae，这是旅店的女侍，晚间可以给旅客伴宿。

Noetiliae，这种人是在路上兜揽生意的，等于现代的野鸡。Diabolares，是最下等的妓女，每次代价只合现代两分钱，更有一种 Quadrantariae，则只要半分钱或是一尾鱼一块面包而已。

罗马的妓院已经有官私之分。在虐待基督教徒时代，年轻的女教徒，并不送入斗兽场残杀，大都没入官妓院为娼。私娼院也是奴隶居多，有时老板娘自身也兼做营业。罗马的妓院大都以春宫画或生殖器的雕塑作标识，屋内的陈设和装饰也大都是春画。就是一般卧室也是这样，据说有一位风流的绅士，因他妻子养下一个孩子是黑人，便向法庭控告妻子不贞，要求离婚，但是被告的律师却辩护着说，原告房中的壁画，上面画着一幅黑人和白人的春画，被告朝夕渲染，腹中胎儿受了影响，生下来的当然变成黑人了。法官以为理由充足，竟因此判决了妇人无罪。当时罗马的淫风也由此可见，妓院的发达正是当然的结果。

# 秘密卖淫

在都市人口的统计上，娼妓所占的比例是相当惊人的，但将有执照的卖淫妇人和没有执照的秘密卖淫比较起来，后者所占的数字更要惊人。这种秘密卖淫，从最巨的代价以至最贱的代价都有，有的是职业的，有的是业余的，她们表面与良家妇女一般，甚至使“专家”也难于分别。

法国的小仲马，第一个在著作中将这类妇女锡以嘉名，称之为“半世界”（Demi-monde），这就是秘密卖淫的总称，包括一切种类的私娼。在他的剧本《半世界》中，藉了剧中人杰宁的话，他说这些人本都是良家妇女，只因偶一失足，便一误

再误，结党为非了。她们穿着不可侵犯的外衣，实行卖淫的生活。她们受人欢迎的原因，是因为没有上流妇女谈恋爱扭捏的麻烦，又没有职业娼妓那样的耗费。

这是小仲马那时代的法国社会情形，据布洛讫博士说，这情形到现在是不同了。小仲马那时代，私娼的代价比公娼低廉，但现代却相反了。秘密卖淫的妇人，不但过着华贵的生活，而且在尊严的外衣之下还受着人们的尊敬和羡慕。她们已取得了古希腊 Hetairae（第一流名妓）的地位，不仅选择对手，而且还在政治和经济上襄助她们的对手了。

世界各大都市都有这种高等秘密卖淫妇。她们是时髦的中心，新装和新趣味的倡始者。出入戏院赌场以及上等娱乐场所以选择她们的主顾。许多绅士和富翁都以拥有她们为荣。不仅为一般的职业卖淫妇所羡慕，而且更为爱虚荣的良家妇女所羡慕。

她们和真正的上流妇女的区别，不在外表和学识上，而在用费的来源上，据说这区别便是半个世界的区别。前［后］者所用的是家产，后［前］者则出自一个或一个以上钱袋中的津贴。

巴黎的高等私娼，还和十九世纪一样，她们运用自己的交际手腕，造成自己的地位，以待善价而沽，据说今日的巴黎秘密卖淫妇，都与新闻记者有往还，以便一旦有美国富翁，印度王子，或旧俄贵族到巴黎时，可以随时勾引。

更有一种国际的秘密卖淫妇，她们辗转于世界各大都市，于卖淫之外，兼着间谍或私贩的副业，今日巴黎明日伦敦，后日柏林。赌窟蒙地卡罗是她们的大本营。为了追踪一个目的物，她们有时更不惜远涉重洋到东方来。她们都与海员有相当连络，所以容易知道她们目的物的姓氏和身份，而且冠冕的获得介绍。她们的国籍没有一定，但大都好采用法国和旧俄贵族的姓名。

# 男　　妓

伊宾博士曾说：“男妓对于社会的妨害，无疑的比女性娼妓更大；这是人类历史上最大的一个污点。”

男妓是男子同性恋的副产物。同性恋互相有“情感”存在，双方的目的并不在金钱，但男妓却和女性娼妓一样，毫无感情的以自己肉体供给他人，从中换取代价。这是男妓和一般男子同性恋的区别。

男妓当然以男子为对象，但大都市中另有一种男子存在，他们的职业是：“接受代价以满足情欲猛烈的女性们的性欲。”这种人被呼为“牡马”（Stallion），实是男妓的一种，不过为数极少，与一般的“吉果罗”有别，德国出版无名氏所著的《柏林的娼妓及其牺牲者》，曾在卷末有一附录，专论柏林操这种职业的男子。

男妓的出现，是男色盛行的必然结果。希腊罗马时代，社会淫乱，盛行男色，已经有这种职业出现。更早一些，在卖淫制度还未存在以前，宗教上一面有以性交为人赎罪的女子，一面也有替代女子而以自己身体供人献祭的男祭司，可说男妓早已存在了。

在原始人的想像中，最初的神，原是体兼阴阳身具二形的，后来分为男神女神，所以也各有各的信徒。将女儿献给神作祭的父亲，有时也会以儿子代替。儿子到了庙中以后，便像“庙娼”一样的执行职务，供男子作性的献祭，收取代价。这种男祭司大都是经过阉割的。希伯来人呼专供人作性的献祭的女子为 Kadosha，同一性质的男祭司为 Kadosh，这可说是最早的男妓。

美洲的一种印地安人，如果夜间梦见了月亮，便是得罪了女神，他便要穿上女衣，到庙中供人鸡奸一次，以息神怒。男祭有许多也是女装的。罗马的男妓，大都是男扮女装，这种习惯一直到现代还未更改，现代的男妓仍是用脂粉来吸引他们的

男顾客。

柏林和巴黎是现代男妓最流行的地方。当然，男色发源地的东方，当然也有这种职业存在，男妓的种类正和女性娼妓一样，有职业的，有业余的，有上等的，也有在路上或咖啡店中随时勾引顾客的“男野鸡”。

据布洛讫的记载，他说巴黎的圣马丁路就公然有一家小小的男妓院存在。这是一家旅馆，馆主人是同性恋者，他的房间专租给男性恋的男子们幽会，此外，馆中更经常有五六个少年人，大都十五六到二十一二岁，随时可以供应旅客的需要。

# 男　色

男色，一名“希腊式恋爱”（Greek Love），据说是东方民族的产物（以后有便另谈），是男子与男子间的性行为，即Immission penis in anum或Coitus aralis（恕我用了几个拉丁字），中国读者大约没有不知道这是什么玩意儿的，尤其是北方人或闽广一带的人。英文叫作Sodomy或Pederasty，不过有一点区别，前者是指两个同性恋的男子间的不自然的性行为，后者则是纯然的男色了。

男色在外国名为“希腊式爱恋［恋爱］”的原因，乃是因为希腊人最嗜此道，上自帝王，下至走卒，无不有几个“娈

童”或“契弟”，连主张精神恋爱的大哲伯［柏］拉图也有这嫌疑。而这种“文明”，据说却是从东方传过去的。凯撒大帝，尼罗王，都是同性恋者，实行着希腊式的恋爱。

使徒保罗在《致罗马人书》第一章第二十六节中曾斥责当时的这种风尚说：

> 因此上帝任凭他们放纵可羞耻的情欲，他们的女人，把顺性的用处变为逆性的用处。男人也是如此，弃了女人顺性的用处，欲火攻心，彼此贪恋，男和男行可羞耻的事……

保罗既然在通信中这样指斥，可见当时的教徒中也难免有人染上这嗜好了。

旧俄著名的医学家塔诺斯基教授（Benjamin Tarnowsky）曾有一部大著《欧洲的男色》，从医药和法律的立场，根据欧洲古今关于男色的记载和实地风化案件，一一加以研究，尤其注重法国和俄国，仅是一翻那详细惊人的目录，已经使人要无所适从了。

据伊宾博士说，一个心身健康的人染上男色的原因，起初都是暂时的，如兽奸的动机一样，是不得已的举动。如在长途旅行中，监狱生活，海洋生活中，其中有老于此道或曾经此道的人，加以引诱，互相沾染，于是便渐渐的成了嗜好了。但如果这人的性欲是正常的，一旦接近了妇人之后，便会渐渐的改正。只有真正的性欲变态者，见了妇女无动于中，或是耽溺声色的富豪，这种人才是促成男色流传的因原。

男性同性恋者，大都是年龄相若，互相爱慕，不近女色，据说这种私人行为对于社会的妨害较小，所以有些国家的法律都无明文干涉。只有公然卖淫的男妓，或以男色诱诈人钱财的恶棍，都是一体禁止的。

据说德国有一些恶棍，这些人都是“娈童”出身，年老色衰，便招□□□□□□□□□先以已身供□□□□□□□□，然后再加□□□□□□□□脱离，于是□□□□□□□□来，使在公□□□□□□□□引诱少年富家□□□□□□□，万一被惑，□□□□□□□要关头突然出现，□□□□□无所不为，因为这□□□□□的犯罪，法律规定□□□□□等刑罚，所以这些□□□□□吃黄连，不敢声张，□□□□更被挟持玩弄，不得脱□□□的竟至终身堕落的。据说□□男妓都是由这里面产生。

# 女人的故事

有一位英国的讽刺家曾说，女人是坏东西，因为你如果将Women这字拆开来，她含有Woe to men（咒诅男人）之意，所以始终是使男子不幸的，况且当初上帝创造第一个女人夏娃，是用亚当的一根肋骨造成，只吹了一口生气，并没有给她灵魂，所以女人是没有灵魂的。后来女人更受了蛇的诱惑，偷吃了禁果，害得男子的罪业永世不得干净了。

纪元前一一七零年左右，利地安有一个皇帝，娶了一位非常美丽的妻子，有一天他在总管大臣格吉之前夸耀皇后的美丽，但是格吉默然不语。皇帝疑心大臣不信任自己的话，以为他说谎，便将大臣格吉私藏在皇后的卧室里，以便皇后更衣时他可以亲眼目睹她的美丽。格吉从卧室溜出来时，不料被皇后发现，质问之下格吉只好供出他到这里来的目的。皇后大怒，她吩咐格吉说，他现在只有两条路中选一条路可走，一条是立刻自杀，一条是去将皇帝弑了，他自己来做皇帝，因为除了是她的丈夫以外，她不允第二个男子见了她的裸体以后仍活在世上。格吉毫不踌躇的选了第二条路，走去将皇帝弑了，成了美丽皇后的丈夫。

这个利地安皇帝的被弑，可说咎由自取，而女人的狠毒也由此可见。罗马皇帝加纳加拉的母亲裘丽亚，在自己儿子的面前，故意装作不曾看见他，将自己浑身脱得精光。加纳加拉看见自己母亲美丽的肉体，不禁叹道："妈哟，我真爱上你了，可惜是法律所不许的！"但是裘丽亚却回答："如果你真的爱上了，这已经是合法的！你该知道你身为帝王，你是有权可以立法的人！"于是加纳加拉拥抱了她，使她成了自己的皇后。

这样的女人太可怕了！

也许是女人给予男人的不幸太多，所以她本身便也受到男子的磨难。尼罗王曾弑了自己的母亲亚格利巴，他遣刽子手去行刑时，亚格利巴气得将衣服坦开，露出肚皮，悲惨的喊道：

“你们用刀向我这里戮罢！因为正是从这里我才养出了我的这个劣子！”

罗马王地倍利奥斯捉到了一个叛臣，要将他满门抄斩，但是这叛臣有一个未嫁的女儿，按照罗马法律，处女不能判处死刑，于是地倍利奥斯便命令刽子手在刑场上将这少女当众奸淫，以便大众可以证明这女子已非处女，然后再加杀戳［戮］，一面赦了刽子手的强奸罪。

这少女的被污，可说是“匹夫无罪，怀璧其罪”。

在纪元前五百年堪贝西斯王朝，有一个名叫科隆的人犯了罪，被判监禁，断绝水食，预备活活的将他饿死，科隆有一个女儿请求当局允许每日进监探望她的父亲，以免他死前的寂寞。当局允许了，但是防备她夹带食物，只许她裸体进去。这样过了几天，犯人并不衰弱，狱卒疑虑，便暗中加以监视，发现这女儿每日进监之后，竟用她的乳喂她的父亲，打听之下，才知道这女儿正是一个奶妈。于是当局以这女儿“愚孝”可嘉，便赦免了她父亲的罪。

可见女人也有好的。

# 僵尸种种

关于僵尸的传说和故事，中国读者是再熟悉不过的，但欧洲人也相信僵尸，他们所传说的僵尸是一种吸血鬼（Vampire），也是死人所变，夜间出来飞行，不仅吃人心肝，而且还吸人精液。

据北欧斯拉夫族农人传说，僵尸有两种，一种是人狼（Were-Wolf），这是有妖术的人，能将自己化为狼，在路上攫食活人或者到坟墓间掘吃死尸，他们事后又可以化为人，这种人的眉毛特别长，可以覆到鼻上，鉴别是很容易的，所以万一有一个长眉的人被发现，这人一定要活活的被烧死。

至于僵尸，则和中国的僵尸一样，是风干的尸首所变，夜间出来吃人心肝，吸人精血，一切瘵症如肺痨等据说都是由于僵尸吸干了精血所致。

男子的精液素来被视为生命的泉源，是极可宝贵而又神圣的。今日的许多宗教中的仪式，教徒吻接牧师或神像的手额角等，就可以消灾降福，但有些地方却直接抚摩或吮接教士生殖器，尤其是不孕的妇女，和教士的生殖器接吻一次，就可以生育，这种仪式都是十分庄严的，双方都不存猥亵意念。这种对于男子精液的崇拜，再加之夜间的梦魇和衰弱的遗精症，便造成对于僵尸的恐怖。

一具死尸如果日久不烂，容颜如生，就有成为僵尸的可能。挽救的方法是，立刻将坟墓掘开，用一根木棍从尸首的胸前戳在地上，这样就可以破除它将来作怪，或者更稳妥一点将头砍下来烧了。一个新死的人如果眉毛太长，棺殓时便要作种种预防。据说巴尔干的牧师们在举行葬仪时有特权处置这种僵尸的预防方法。

僵尸和尸奸是有关联的。有些萨地主义者，藉了发掘僵尸为名，常将新葬的女尸加以奸污，有的虐待狂者更好在奸后将尸首加以脔割，或者挖去心肝腑脏。于是这种血肉狼藉失去心肝的尸身，时常又被人误会为人狼或僵尸所吃，因此僵尸的传说更令人毛戴。霭理斯等人都这样解说，所以尸奸有时又名为Vampirism。

更有一种风流淫荡，性欲异常的妇人，一个男子不能餍［餍］其所欲，于是广置面首，这种妇人也被人呼为Vampire，因为她与吸血鬼一样，吸取男子的精液。布耳在《妇人论》中就将旧俄凯撒琳女皇列为这类女吸血鬼之一。

关于欧洲的僵尸传说，撒玛斯教授（Montague Summers）曾写过一部《僵尸及其附属》，共分五章，研究僵尸的起源及其在欧洲的流传，更提到东方人如中国印度等对于僵尸的传说，颇为渊博。撒玛斯教授是这方面的专家，曾写过《巫术史》和《巫术地志》。

僵尸的传说用作文学题材的很多，《僵尸及其附属》的末一章便是专论僵尸在文学作品中的地位的。现代捷克小说家利罗达（Jan Neruda）曾有一个短篇名《吸血鬼》，写一个专门偷画人家肖像的希腊人，谁给他画了，这人准定在几天之内便要死去，这短篇曾经好几次译成中文，可说是文学作品中反映出的另一种僵尸。

# 阉割和宫刑

宫刑为中国旧日的五刑之一，就是将男子的生殖器割去，绝其“人道”。这刑法倒不一定是对付风流犯的，目的却在使其绝后，不能传种接代。这刑法从优生学的观点上看来，有些地方倒很合乎科学。美国就有人主张，对于有遗传性的犯人或疯颠，就主张加以阉割，免得生出子女来遗害社会。

阉割（Castration）的性质有几种。不仅人类，许多家畜都有加以阉割使其壮健的。自动的阉割，在古代是一种宗教仪式，意思是断绝肉欲以献身于神。在现代却是由于有遗传病或子女过多，但也有为了专心学问而发愤阉割的。至于因了神经病发作而突然自阉，这是例外。

被动的阉割，是施于奴隶的一种残酷。在中国就是御用的太监，在外国则称为 Eunuchs 也是太监性质，希腊罗马时代就有，近东的土耳其波斯阿剌伯等地也有。这种奴隶都是服役于多妻制度之下的帝王或贵族的。经过阉割，即使整日在后宫或卧室和嫔妃们混在一起，也可以不致有意外。希腊罗马时代的太监，则除用作服役以外，还兼充娈童或男妓使用。据说墨西多利亚的腓力浦王远征时，带了八百个太监同行，以供他自己和幕僚之用。

阉割也有几种程度，据罗马人的记载，可分四种。一种是 Castrati，就是将整个的阴茎和睪［睾］丸割去。一种是 Spadones，仅将睪［睾］丸除去，据说这是最普通的一种。一种是 Thlibiae，就是并不将睪［睾］丸从身上除去，而用重力将它压碎。一种是 Thlasiae，只是将输精管割去。

据现代的研究，罗马人的第二种阉割法，即是仅将睪［睾］丸割去，这种手术若行之于尚未发育的童子，或可完全断绝性欲，但施之于已发育的男子，则性欲依然存在，至少可维持十年始见衰退。所以在罗马时代，这种男子最为贵妇人所宝贵，因为经过这样阉割的男子，耐力可以延长，而又没有受

孕的危险。

关于中国历朝太监的产生和生活，我们找不到详细的文献，这是可惜的事，但许多太监依然有性欲存在却是事实。现在如有人就仅存在北平的老太监加以研究，记述他们的阉割手术，生活情形，生理状态，以及在宫中的服役情况和传说故事等，我想该是一件极有趣味和意义的工作。

我不知道中国的太监用怎样方法阉割，但关于埃及 Coptic 僧徒阉割奴隶的方法却有详细的记载。据说这些奴隶都是在六岁到十岁之间，由僧人买下。阉割时先将阴茎和肾囊用力向外扯，然后用快刀突然割下，止血的方法是用木棍缚一方海绵，在沸油里蘸一下掩住创口，然后再用涂有油膏的布包上。于是在地上掘一个土坑，将这孩子双手捆缚放进土坑，用沙土埋到肩头，几天不许动弹。据说用这样的方法阉割，四个之中只有一个能活命，为了抵偿这种损失，因此这种太监都卖得很贵。

# 妇人与幽闭

中国的宫刑，是专用于男子的刑法，女子当然无“势”可“宫”，据说另有一种相类的刑法对待女子，其名为椓窍，将其阴户幽闭。这刑法不仅听来很生疏，而且有点神秘，兹将关于这刑法的记载抄录如下：

《碣石剩谈》载妇女椓窍，椓字出《吕刑》，似与《舜典》宫刑相同，男子去势，妇人幽闭是也。昔遇刑部员外许公，因言宫刑，许曰，五刑除大辟外，其四皆侵损其身，而身犹得以自便亲属相聚也。况妇人课罪，每轻宥于男子，若以幽闭禁其终身，则反苦毒于男子矣。椓窍之法，用木槌

击妇人胸腹，即有一物堕而掩闭其牝户，止能便溺而人道永绝矣。是幽闭之说也。今妇人有患阴颓症者，亦有物闭之，甚则露出于外，谓之颓葫芦，终身与夫异榻，似得于许说。

这一段是录自清人的笔记《坚瓠集》，实是闻所未闻，妇人腹中竟有一块瓶塞子一样的东西存在，敲一下便会落下来将瓶口塞住，这真是太古怪的事，恐怕是臆说居多，即使真有这幽闭的刑法，事实也决不会如是。至于那伸出户外的颓葫芦，则恐怕是发育特别的阴核，这妇人不外是一个半阴阳而已。

但从生理上讲，妇人的阉割是存在的，而且在现代外科手术上是一件简单的事，这名叫卵巢割除（Oophorectomy）。不过这并不是刑法，可说是一种健康术。

据蔼理斯说，阉割在东方大都施于男子，作为刑法之一，在西方则女子受阉割的比男子多，而且都是自动的居多。为了不愿生育或健康之故。美国女子截除卵巢的很多，已打破认阉割为一种刑法的传统观念。而且近年手术进步，男子受阉割者已无须除去睪［睾］丸，只须将分泌管截去已成，女子不愿生育者也只须将喇叭管割断，不必除去卵巢。这种手术在练熟的外科医师手中只须数分钟即能。

除了为享乐之故而受阉割的男女外，在其他情形之下的阉割，只要经过受割者的同意，实是有益无害的事。这不仅不致影响一个国家的人口或社会道德，而且反能提高健康率，使受割者能安心为社会服务。欧洲有许多医师和优生学家已在努力使这运动成为合法的，取得法律的允许。

经过这样手术免除生育的女子，在性生活方面并不受到影响，有的反而亢进。据法国 Jayle 医师的报告，检验三十三个经过卵巢割除的妇人，其中十八个性欲状态如前，三个减低，八个消灭，三个亢增。在性交方面的快感，十七个依旧，一个减低，四个消灭，五个增高，六个感到痛苦，这种比例与受术者的年龄有关，大约超过三十五岁的妇人，都有逐渐减消的倾向。

但这还是几年以前的报告，目前进步了的简单的手术当可使妇人的性生活丝毫不蒙受影响。又据霭理斯记载，受 X 光照射过多，不论男女，人类或畜类，都有消除生殖力的可能，不过这是暂时的，隔了数年又可以恢复。

# 断　袖　癖

我曾说过，发源于东方的男色，在中国古代就特别盛行，史书上的幸臣传，所记的大都是这类人物，这些幸臣有的是士吏驺卒，徼倖获宠，有的竟是近水楼台的宦官，可见太监在后宫也别有用处。关于男色在中国古代的发展，《五杂俎》上有一条说得很仔细！

男色之兴，自《伊训》有比顽童之戒，则知上古已然矣。安陵龙阳，见于传册，佞幸之篇，史不绝书，至晋而大盛，《世说》之所称述，强半以容貌举止定衡监矣。史谓咸宁太康之后，男宠大兴，甚于女色，士大夫莫不尚之，海内仿效，至于夫妇离绝，动生怨旷。沈约忏悔文，谓淇水上宫，诚云无几，分桃断袖，亦足称多，吁可怪也。宋人道学，此风似少衰止，今复稍雄张矣。大率东南人较西北人为甚也。

《五杂俎》的作者是明末时人，所记如是，到了清代中叶的太平盛世，声色犬马，男风似乎更盛，反而西北较东南更甚了。

《汉书》上的佞幸传，所列举的汉代幸臣，计有邓通韩嫣淳于长董贤以及宦官李延年等十余人，其中最著的是邓通和董贤。两人都是富埒王侯，出入宫禁，甚至“虽赐洗沐不欲出”。看相的说邓通日后要饿死，文帝便赐给他一座铜山，可以自由铸钱。文帝患痈，邓通便为皇帝舐吮，宠幸卑鄙到这样。至于董贤，则更甚了：

贤传漏在殿下，为人美丽自喜，哀帝望见，悦其仪貌，识而问之，曰，是舍人董贤耶，因引上，拜为黄门郎，由是始幸……常与上卧起。尝昼寝，偏藉上袖，上欲起，贤未觉，不欲动贤，乃断袖而起，其恩爱至此……

一个臣子竟白昼和皇帝睡在一床，枕着皇帝的衣袖，皇帝要起床，不敢惊动他，竟叫人拿刀将自己的衣袖割断了。读者

试想，其中情形当然不堪过问。所以后世谈男色者总要推董贤为最，男色雅称作“断袖”，便也是由此而起。但在袁子才的《子不语》上，有一条“董贤为神”，董贤给人托梦，为自己辩护说：

汝毋为班固所欺也。固作《哀皇帝本纪》，既言帝病痿不能生子，又安能幸我耶？此自相矛盾语也。我当日君臣相得，与帝同卧起，事实有之，武帝时霍卫两将军亦有此宠，不得以安陵龙阳见比。幸臣一星，原应天象，我亦何辞，但二千年冤案，须卿为我湔雪也。

这当然是袁子才的鬼话。所谓安陵，是楚共王的幸臣安陵君。龙阳，是魏王的幸臣龙阳君，这两个皇帝都是历史上著名好男色的，所以现今大都将男色又称作“龙阳”。但据有些考据家说，龙阳君是个姬人，并非男子，那却谁也不能决定了。

# 翰林风月

袁子才的《子不语》上说，清初有一个御史，年少科第，巡按福建，闽广一带原是中国男色最流行的地方，有一个胡天保者，酷好男色，看见这御史大人少年美貌，不觉心动，单恋起来，每逢御史升舆坐堂，总在一旁偷看，御史心疑，但是又不便制止，后来御史转巡他处，胡天保竟跟了去，御史如厕，他竟伏在那里偷看御史的臀部，这一下当然不能放松，捉了来严刑讯问之下，胡天保供道：

“实见大人美貌，心不能忘；明知天上桂，岂为凡鸟所集，然神魂飘荡，不觉无礼至此！”

巡按当然大怒，就把他毙于杖下。但胡天保死后却给人托梦，说上帝怜他痴恋，死后封他做兔儿神，专司人间男悦男之事，要地方上人给他塑像立庙，供奉香火。

袁子才的记载，当然是根据一种传说，据说福州现在还有胡天保祠存在，神像是两个男子，互相拥抱，一个中年，一个少年，表情极为秽亵。凡男子为了同性恋而来祷求者，带一把香灰回去撒在对方身上。据说就可以成其好事。事谐后买些猪油和糖涂在神像嘴上，以作酬谢，因此胡天保的嘴上油腻光滑，时常有老鼠光临。

我不曾到过福建，不知是否有这样的淫祠存在，但若将这神像和袁子才的记载对照起来，大约中年者是胡天保，少年人竟是那位漂亮的御史大人了。

闽广一带的口头骂人话“契弟”，其性质就等于北方人的“兔儿爷”。不过前者有同性恋意味，互相爱慕；北方的“兔子”和“相公”之类，则近于职业的，已经是嫖客与妓女的恩爱关系。

男色特别于清代在北方流行的原因，不外那时的权门富豪，纵情声色，又加之各部衙门的官僚，大都没有眷属，再加上各地云集的青年士子，风流自赏，最初不过诗酒征逐，养一班歌童清唱，后来便进一步的沉溺起来。中央研究院李家瑞君的《兔子考》，说北平呼男妓为兔子，实由于“顿子房”的转变。“顿子房”是一种幼童歌舞班，供人侑酒，暗中也供人狎亵，便是后来的“兔子”“相公”变像，这考证该是正确的。

男色在中国，有很多雅致的别名，如“断袖”，“分桃”，“龙阳”，“后庭”等，这些典故都出在历代风流帝王与幸臣的故事中。至于民间各地口语上的称呼，则有许多粗俗得不便形诸笔墨。明人天然痴叟的《石点头》，末一卷《潘文子契合鸳鸯冢》的楔子里曾提到当时各处关于男色的土语：不知这些名词到现在还在沿用否：

> 那男色一道，从来原有这事：读书人的总题，叫做翰林风月。若各处乡语，又是不同。北方人叫炒茹茹，南方人叫打蓬蓬，徽州人叫塌豆腐，江西人叫铸火盆，宁波人叫善善，龙游人叫弄苦葱，慈溪人叫戏虾蟆，苏州人叫竭先生……

# 男女之事

我想先讲两个西洋故事，这都是载在瓦尔（O. A. Wall）所著《性与性崇拜》一书中的：

有一群女学生，看见许多已嫁的同学神气活现，探问她们的新婚生活怎样，总是卖关子，秘而不宣，于是大家便约定，谁先嫁了，一定要将结婚的秘密报告给大家。后来其中有一位由订婚而结婚了，便践约写信给大家，信上是这样简单的一句："请读《圣经·约伯记》第四十章四十一章的十六十七各节。"

这两节的经文是：

> 他的气力在腰间，能力在肚腹的筋上，他摇动尾巴如香柏树，他大腿的筋互相连络。他的骨头好像铜管，他的肢体仿佛铁棍。
>
> 一一相连，甚至气不得透入其间。都是互相联络，胶结不能分离。

又有一座男女同学的医科大学，一位外科教授考试一个女生，问她如何解剖男子的生殖器。她说，用刀先划一下，割开软肉，就可看见其中的骨头。但是教授立刻纠正说：男子生殖器并没有骨头的，她却回答说："我每次总感到是有骨头的！"

这当然是故事。在性知识解放的今日，当然不致再有这样的笑话。但文明人还固执着一点，即对于男女之事，夫妇之道，宁愿处在黑暗中，不愿在光明之下加以讨论。

据蔼理斯说，因了这种偏见，所以文明人的性生活，正当夫妇之道，大都在疲劳的一日工作之后，酒醉饭饱之下，在闷塞的初夜寝室中举行，实是太不卫生的事。据他说，许多野蛮人便聪明得多，他以知道利用日光，利用森林，白昼在户外举行。但这种办法因了气候和环境关系，都市的文明人是根本不可能的。但无论如何，夜间是不对的，因此许多现代专家都提倡在清晨举行。如密讫勒（Michelet）说：子女的受孕必须在

白昼。黑夜的性交，对方只是一个女性；但是在白昼，她却是一位美丽可爱的人。卢保（Roubaud）说：也许欲念在夜晚强盛，但是早间的快乐更大，菲勒地（Venette）说：一位美丽的妇人，在日光之下比在烛光之下更美。

对于正当的夫妇之道限度的规定，这是许多宗教和立法者的大难题。有革命精神的宗教家马丁路德，他以为每星期二次是适宜的限度，谟罕默德在《可兰经》中规定每星期一次。一位古代印度名医却劝人每月六次，夏季则只能一月一次。至于现代医生和专家的意见，则大都和马丁路德差不多，对于一般人，以为每星期至多不宜过两次，有一位医师则主张一年的总数须在五十至一百次之间。孟地加沙（Mantegazza）在《爱的卫生》一书中主张，二十至三十之间不妨一星期二三次，三十至四十五则每星期至多二次。

霭斯理以为一切严格的规定都可不必，当看各人的健康和生活状态而定。他说，这不是一种义务，一对心身健康有相当性知识的男女，都知道怎样适宜处置大自然所赐给他们的这种幸福的。

中国过去对于男女之事大都讳而不言，有之，则都是驻颜益寿的采补谬论，我手边就抄有一条失去出处的记载，可说是最典型的：

女子十五至二十五，补阳和血，美颜色悦精神，节而行之能成地仙。二十五至三十五，我施彼受，虽无裨亦无大损。四十以上能致疾。若天癸已绝，如枯枝吸水，不异鬼交，杀身而已。男子精血，少如膏雨，壮如露零，枯嫩含滋春牙吐润，老大如霜雪，使红颜萎黄凋谢耳。

# 爱　　经

罗马奥维德的《爱经》（Ars Amandi），曾经由戴望舒先生译成过中文，是西洋谈论男女恋爱的一部古典名著，不过他所贡献的不是使女人安居家中的艺术，而是教她们如何私奔的艺术，这与其说是丈夫的经典，不如说是情人的经典。在西洋，有两个典型不同的代表情人，一个是 Casanova，一个是 Don Juan，这好比我国的贾宝玉和西门庆，一个是情种，一个是淫棍。前者但愿花常好，月常圆，生生世世混在脂粉队里，欲仙欲死，不娶不嫁。后者则见了有三分姿色的就要占为己有，好的时候抱在膝上，不好的时候一顿皮鞭。但世上女人并不一定都爱温柔的贾宝玉，竟也有宁愿捱西门庆大官人的皮鞭的。这就证明男女相爱并不仅是感情上的问题，固然有精神上的爱，但也有官能的爱。

在西洋，除了迦撒诺伐和唐璜之外，还有一个典型的情人，这人便是《少年维特之烦恼》一书中的主人公维特，他是处在灵与肉的斗争中的一个热情青年的代表，他的结局常是“殉情”的悲剧，这与西门庆一类人物的“恶贯满盈”的大快心人恰是相反。

将这些“爱的天才”所采取的手法和人生观，综合起来作一研究的是斯密兹博士（Dr. Oscar A. H. Schmitz），他的著作的题名是《唐璜，迦撒诺伐，及其他风流人物》（Don Juan，Casanova，and other Erotie Characters），这书在一九零六年出版，是一部极有趣味的读物。

据他研究，唐璜和迦撒诺伐两人不同之点，是在于前者是现实的，而后者的行动则多少带有点诗意。唐璜是一个奸诉［诈］善变的浪子，他对于女子的追求，是要实现自己的占有欲，他从这一切意志的活动以及危险中感到快乐，但他自己并不是个风流人物。迦撒诺伐虽然也机警多变，但他却是个风流透顶的人物。他的恋爱，不是要实现他的欲望和野心，而是要享受其中

的滋味。唐璜只知道“女人”，迦撒诺伐却将每个女人当作“情人”。唐璜是恶魔式的，他使和他有来往的女人陷于不幸，使她们堕落。但迦撒诺伐却是人道的，他关心他所爱的女人的一切，为她们的幸福留意。唐璜轻视女性，他实是一个厌恶女性，蹂躏女性者，迦撒诺伐却是个典型的女性崇拜者，他理解女人的灵魂，从女人方面却获得自己的快乐。唐璜用他自己坚强的意志，粗暴的性格去征服女性，迦撒诺伐却用他的风度和温柔去征服女性。

希密兹的这种比较，可说是恋爱心理的一种极好的观察。但他的议论也是有所本的，他所根据的是法国名小说家斯汤达尔（Stendhal）的《恋爱论》，他将维特和唐璜加以比较。他说，唐璜将女人当作仇敌，从蹂躏她们的行为上得服快感，维特将女人当作“尤物”到不忍亏待她们。唐璜是征者，维特却是崇拜家。

# 爱的技术

巴尔扎克曾说，妇人是一张精致的提琴，你必须了解她的颤动的琴弦，胆小的琴键，反覆变化的指法，一般的男子对待女人，大都是猩猩弄提琴，完全不了解对方的个性。

据奈琪巴尔（Neugebauer）统计，有一百五十件因新婚而受伤的妇人医案，大都由于丈夫用强暴所致。布尔和佛洛伊德都曾经指出，新婚之夜大都是一幕强奸的悲剧，结果往往促成对方的歇斯底里症，这病症一直要到自然的性生活开始以后才能痊愈。更有许多新婚伤害医案证明丈夫强迫的性交竟是在尿道中举行的。

对于性爱的一字箴言，据说是“细心”和“忍耐”，要像猫捉老鼠一样耐心观察，等候时机的成熟。因此，在这方面，一般的兽类和野蛮人，都比较文明人来得高明，都知道如何等待或挑逗对方的兴致。一个文明的丈夫时常漠视了妻子的要求，实是最可羞耻的事。

关于男女之间爱的技术，东方人是较西方人有研究的。尤其是印度，有许多古典名著一直流传到今天还存在。其中最著名的是代兹耶耶拉（Vatsyayana）的著作。他主张丈夫该尽力使得妻子满足，不能任她冷淡。“即是用花殴打妇人也是不该的”，这是印度善视女人的一句格言，可惜这样的著作对于一般读者都是禁果，我不能在这里细说。

英国在十九世纪末年，曾有人组织一个奥奈达社（Oneida Community），是一种秘密组织，从事改良夫妇间的性生活，提倡一种男子自制法（Male Continence），即所谓“含蓄的性交”（Coitus Reservatus），据说颇有成效，这个社经过了三十年的存在，终因环境的压迫和外界的抗议取消了，因为他们同时还在实验“科学受孕法”，社员间都有一种类似公妻的制度存在。

霭理斯在《性心理研究》第六卷关于“爱的技术”一章

中，曾提到文明人的性交方式。他说，除了通常的面对面的姿势外，其他有几种姿势，从生理和优生学的立场来讲，对于有一些夫妇是必需的。如夫或妻畸形残废，以及身材的长短肥瘦相差过甚者，都不能认为是淫乐或罪行。据他说，在纪元前一千三百年，埃及人所残留的草纸绘卷上，已经描写着十四种不同姿势。印度人的著作中曾说有四十八种；阿拉伯的名著《香园》（*Perfumed Gardon*）载有四十种，另有六种不同的动作方式。阿利弟罗（Aretino）的著作中曾说有二十六种，每种还附有文艺复兴大师拉飞尔的高足罗马洛（Giwlio Komano）所作的素描。关于这方面的近代权威法褒格（Forberg），曾举列了九十种不同的姿势，不过据说只有四十八种是在一般的可能范围之内。

古希腊关于这方面的著作，可惜大部份已经失传。但有一点特殊的倾向是值得提起的，就是这些著作大都出自女子之笔，据说阿斯亚拿沙，海伦皇后的侍女，就是其中之一。

# 月经的迷信

对于女子的月经，以及行经期中的女子，认为是不洁和污秽，差不多是世界一致的倾向，由迷信而成为习惯。不仅男子认为不洁，即女子本身也以不洁自居，几千年来牢不可破，妇女在社会上所处的附属于男子的地位，可说大部份受了月经的影响。

我不想反对认月经为不洁的习惯，但想说明其中多少有一点迷信和愚昧存在。许多雌动物都有月经，而且有类似月经的春情发动期，但这时期是雌雄活动最甚的时期。在人类中，许多人已证明女子在月经期中性欲特别强盛，而月经期中的性交，纵然无益，但从未有人证明对于双方有害。一切仅是传统的迷信而已。

基督教的《圣经》上明白的写着：

> 女人行经，必污秽七天。凡摸她的，必不洁净到晚上。女人在污秽之中，凡她所躺的物件，都为不洁净。所坐的物件，也都不洁净。……男人若与那女人同房，染了她的污秽，就要七天不洁净。所躺的床，也为不洁净。

回教的《可兰经》上也说，你要与行经期中的女子分开，在她们未洁净之前不可接近。

为什么行经的女人是这样不洁呢？这是因为在许多民间的传说中，认为女子的月经，是恶魔在作祟，有些地方更相信是魔鬼化成了蛇或蜥蜴钻入女子的阴户，使得生殖器出血，所以这样的女子认为不洁，不许进圣殿，不许参与祭事，男子接触了这女人的也同样认为不洁。

有许多未开化民族，时于行经的女子都用隔离法，指定一个地方，到了月经来潮之时便住到那里，饮食起居，与一切的人隔绝，直到“清洁”之后才可以回来。Suriname 的女子，在月经期中，独居一处，看见有人走近了她，便喊道：“Mi Kay！Mi Kay！”（我是不洁的！）。

行经的女子既然这样的不洁，于是月经便产生了副作用。巴伐利亚人相信，染有处女月经的下衣，可以抵御刀伤或刺伤，更可以灭火。据说直到今天，德国女子相信，滴一点月经血在咖啡杯中，可以使喝这咖啡的情人不变心。意大利人相信使有月经的妇人在果园中走一遭，可以辟除毛虫，一切天灾异变，如风暴闪电等，只要一个有月经的妇人裸体立在旷野，就可以将这一切压息。

法国北部制糖区域，在熬糖的时候不许行经的妇人经过，否则糖便要变黑了。西贡人煮鸦片烟时，有了月经的妇人来过，鸦片便要变味。印度烧石灰窑的人，如发觉石灰烧坏了，相信所雇的女工之中必有行经的。

英国医药协会的机关志《医药月刊》上，曾有人写信去请教，有月经的女人腌火腿，总要使火腿不好，屡试屡验，请问是何原故。再有，外科女医师，如果在月经期中向病人行手术，对于病人是否有碍。这位先生大约怕病人遭遇腌火腿的结果。可惜答案如何，我们不得而知。

# 性的周期律

植物的每年开花结实有一定时期，一般的动物交尾期每年也有一定，人类也逃不了这限定，但文明使人类将这定律紊乱了，只有女子一月一度的月经来潮，依然表示着到这时期是生殖的成熟期。

许多高等动物每年只生育一二次，分娩的季节必是食物最丰富的季节。不到交尾期，雌的不能生育，也没有性欲。雄的方面也是这样，到了交尾期才是有生殖力的时期。但许多家畜却不同，野生的动物经过几代豢养之后也会增加交尾期，而且没有一定的季节，这完全是环境使然，不用顾虑到食物的有

无了。

无论一般的动物或人类，性的活动有一个一定的现象，就是春季是最高潮，秋季次之，夏冬二季是性欲锐减，生殖力最弱的时期这现象就名为“性的周期律”（Sexual Periodicity）。

一直到今天，世界各处的民间风俗，还有在春花灿烂时期或秋收之后，举行郊外篝火庆祝（Bonfire Festivals）的，这时期当是打破男女界限和礼教的时期，也是青年男女觅取伴侣的时期。这仪式正是沿着性的周期律而来。人类虽不一定像一般动物一样的需要充分食物为生育的准备，但夏季和冬季，因了气候关系不能充分操作和活动，于是生殖能力也不能不锐减了。

霭理斯为了证实这问题，曾搜集了欧洲各地婴孩生产登记表，推算受孕的时期，证明大都是在春季，其次是秋季。数字在夏天和冬天就降到最低数；证明这都是受性的周期律的支配。他曾列了几张表格，用数字表明，如从九月算起，逐渐增高，至圣诞节开始下降，直至正二月最低，接着开始春季的上涨，到五月为顶点，过了六月又逐渐低下。

更有一件值得注意的事，他曾调查一年中三千个婴孩夭亡的统计：其中二月和九月出世的，这就是说，在五月和十二月受孕的，死亡率最小。其次是六月出世的，即九月间受孕的。据他说，欧洲人受孕最多的时期是五月和十二月，其次是九月，如果这统计的结果不是属于偶然的现象，那么，可以断定，生殖力最活动的时期受孕的孩子最健康，活动力递减期内受孕的孩子体格也渐弱。

还有，社会上犯罪事件的发生（包括性的犯罪），也受着性的周期律的支配，大都六月是顶点，二月最低。拉加沙奈氏（Lacassagne）曾根据法国四十年罪案发生的统计，证明一切罪犯在六月发生最多，十一月最少。性的犯罪更不用说，法国的强奸及风化案件发生最多的是五六七月，十二月锐减。德国的统计也证明风化案件在三月四月逐渐增加，到六七月最顶点，然后向冬季逐渐下降。意大利的风化犯罪统计也是五月最多，其次是八月到九月。不仅这样，监狱中犯人的行为也表示着这倾向，夏季和冬季最守法，一到春季或秋季便频频犯过了。

据说，伦敦的流通图书馆统计，一到春天，借恋爱小说的读者特别增多，夏季锐减，也帮着说明了这性的周期律的现象。

# 角先生之流

铅笔，火漆条，棉花锭，发针，簪，绒线针，钩针，针盒，指南针，玻璃塞，蜡烛，软木塞，叉，牙签，牙刷，生发油瓶，小爬虫……

我并不是在开流水账。这是根据布洛讫和霭理斯的记载，许多外科医生用手术从妇人阴道或膀胱中取出的物件，其中特别常见的是发针，一位德国医师竟发明了一种专门钳取这类发针的钳子。有一次一位英国医生更取出一个鸡蛋。

这些受手术的妇女大都从十七岁到三十岁。但也有不到十四岁；偶然也有四五十岁的。较大的物件大都发现于年长已婚妇人的阴道中。

但是没有一个病人肯说明这种物件为何在阴道或膀胱中发现而致需用手术。不过这也不须说明，物件的本身已经说明了它们进到那里去的使命。

城市的妇人是这样，据说乡村妇人则以黄瓜，萝卜，胡萝卜，甜菜根，为救急之用。而香蕉则是一般热带妇女的恩物。

上述的发针等物件仅就不幸为医生所发现者而言，此外一切日常物件几无不可以供不时之需。据霭理斯说，近代的缝衣机器，脚踏车，木马，时常因其有节奏的动作为女性所利用。俄罗斯的乡下村妇，据葛特赛（Guttceit）记载，将下衣角打一个大结，利用这个结去磨擦。

然而这一切不过是一位良善妇人少女或寡妇，在远离男子而无法排遣其性欲时所用；至于另有一种妇人，为了满足其过盛的情欲，或者取媚于男子，如职业卖淫妇，以及作猥亵表演的女人等等，这种女子所采用的特制工具，则直接模仿着男性生殖器的形状。

这种物件，西洋人一般的名称是 Goderniches，英国人大都称作 Dildo，我国人则称作“角先生”。

在西洋，这种物件的流传，据说是古已有之的。有人曾经写过一篇考证，说明古代巴比伦人遗下的雕刻上，已经有这种物件；同性恋女诗人沙孚时代的妇人也曾用这物件；据说是用象牙或金属所雕制。大英博物院收藏着一只古瓶，其上便绘着一个妇人手持着这物件。意大利的奈勃斯博物馆，从彭拜城地下掘出的古董，其中也有当时妓院所用的这类物件。在中世纪时代，关于这东西的记载更精确，这是当时许多贵妇人和女尼的恩物，制作的原料已经改用玻璃，其中可以注入热水。十八世纪，法国的戈尔丹夫人（Madame Gourdan），当时著名的老鸨，竟公然经营这东西的批发事业，名为“安慰者”（Consolateurs）。在她死后，从她家中发现无数当时尼庵院长以及女尼的来信，都是购买这“安慰者”的。现代化的“角先生”据说是用硬橡皮所制，表面凸凹不平；其中可以注入热牛乳或类似液体，有机钮一揿，液体即可射出。据说这机械在十八世纪，已经发明了。

法国十八世纪著名的政治家，花花公子米拉波（Mirabeau），在他所著的一部小说中，曾详细的提到这物件的制作；据说全体作波浪状，是纹银所制，中空，另有一根细管，外面注入热水，细管中注入鱼胶，经过热水的蒸发，鱼胶开始溶解，用手将机钮一压，便有粘性的液体射出。

# "阿配郎格"

在一部关于婆罗洲的游记上，有这样的一段记载：

这里有一种可以使你感到有兴趣的风俗。有些老妇人，以卖银制或铜制的小铃度日，这些铃小得像小榛子一子一样制作十分精巧。男样到了成年之后预备找女人时，便要用这铃儿系在龟头后的包皮中，否则便没有女人肯嫁你。男子按照自己的身份，采用金制或银制的铃儿，卖铃的老妇人给你将铃儿系在包皮内，然后用线缝上，创口几日即可痊愈。铃儿愈多愈神气，愈为妇人所追求。有的挂上十几只，走在路上可以听见铃声，这是男子最大的

光荣。

米兰的“安布罗西亚图书馆”，所收藏的旅行家皮格费塔的手稿中，也有这样的记载：

> 所有的男子，都要在龟头上穿一个洞，将一根鹅毛管大小的铜管穿过去。铜管两端有星状的小粒，或者月牙形的突出。铜管并不妨害尿道。这东西太古怪，使我不肯置信，必欲亲眼目睹。据说他们的女人坚持要这东西。但是虽然有这装置，这里的女人却爱上了我们甚于她们本族的男子。

莱台尔氏（Riedel）也说：东印度西里伯岛的土人，将山羊的睫毛粘在龟头上，使它蓬松若刺。爪哇的土人则将小块的羊皮包在龟头的四周，有时整个的生殖器都蒙在毛中，只有龟头突现外面，用以博取女子的欢喜。

野蛮人最野蛮的助兴装置，该算婆罗洲代克岛土人的“阿配郎格”（Ampalang）了。据孟地加沙氏在他的*Gli Amori Degli Uomini*中说：

> 因为不满于一般的性交的快感，男子时时应用各种工具以增加快乐。在他们所采取的各种方法中，我们发现最流行的一种是“阿配郎格”。这种爱的工具最为妇人所欢

迎，也正是她们强迫着男子使用。她的作用是变换生殖器的外形，使得女性器管可以增加磨擦的快感。

“阿配郎格”的装置是这样的：将生殖器的包皮褪后，用两根竹片夹住，用湿布浸上八九天；然后用一根尖锐的竹器将龟头穿一个洞，将一根在油里浸透的鸽毛从创口穿过。这样继续穿过数日，直到创口痊愈，洞内结了创疤，鸽毛可以自由出入为止。代克岛土人平素总在生殖器上带着这鸽毛，一旦“有事”之时，便将鸽毛抽下，换入“阿配郎格”。这是一根有一英寸半长，一分粗的棍子，以金银或其他金属所制，一端另有一个小球或刺状的突出物，这突出物有的是玛瑙所制。棍子穿入龟头洞中之后，另一端有一粒同样的小球或突出物塞上，以免滑落。全部一共大约有二英寸长。

代克岛妇人有种种方法暗示她们所需要的“阿配郎格”的长短。她们用槟榔叶卷一只香烟放在盆子中给她的情人，或者用右手手指放在口中表示长短。代克岛的妇人有权利可以向丈夫要求这“阿配郎格”，否则可以离婚。据她们说，性交好像白饭，没有“阿配郎格”的装置便像是没有咸菜吃白饭。

这种野蛮的装置，当然使文明人听了认为是残忍和可笑；但是孟地加沙氏说：一直到今天，欧洲也有了“阿配郎格”的

存在，不过不需要经过这样痛苦的手术，是制就的鹅毛带或突起的橡皮圈而已。

## 产科医学

柏林的皇家博物院所收藏的一卷埃及草纸文字中，这已经是纪元前三千年之物了，曾说及试验妇女有孕与否的方法，说是将两袋麦子，一袋大麦一袋小麦，放在妇人的尿中浸一昼夜。若是发芽了，便是已经有孕；若不发芽，便是没有孕。若是小麦先发芽，将来养下来的是男孩子；若是大麦先发芽，便是女孩子。

英国著名的日记家佩泼氏（Pepys）在他的日记中曾说起，据说有一位赫吉尔伯爵夫人，一胎养了三百六十五个孩子，其中一百八十二个是男的，一百八十二个是女的，另一个却是

“雌孵雄”。佩泼氏还说他曾见过这些孩子受洗礼的水盆。

这当然是齐东野语。但是对于生产和对于孕妇的态度，可以判决文明程度的高下。现代最文明的国家已经可以利用进步的产科医学使得孕妇无痛分娩，但在未开化民族中却认孕妇是魔鬼所凭藉，是在最污秽的状态中，使她和一切的人远离。

产科医学的成立是从十六世纪才开始。在这以前，妇人的生产是在和死神搏战，而且这搏战得不到男子的同情和赞助。一切都认为是女性应受的痛苦。因为怀孕是罪恶，生产是刑罚，《圣经》上明白的纪［记］载着：

> 我必多多增加你怀胎的苦楚，你生产儿女，必多受苦楚。
>
> ——《创世纪［记］》第三章十六节

从上帝口中说出来的这样咒诅，不仅使男子认为女子分娩的苦痛是应该的，就是女子本身也认为这是命运上注定的痛苦，而且更相信这痛苦可以增加母子的爱情。所以近代产科医学开始用麻醉剂减少妇人生育的痛苦时，还遭受许多人士的反对，说是违反天意，一来使妇人的罪孽加重，二来将减少母亲对于子女的爱情。这抗议一直到一八五三年四月，英国的维多利亚皇后竟采用了“哥罗方”养了她的第七位王子；这才噤住了英美人士的口。

在产科医学未成立时代，“接生婆”同时就是巫婆，她的光临完全只是增加产妇的危险。遇有难产必需请教男医生时，这就发现奇观了。为了顾全产妇的羞耻，便用一大方白布，一面系在产妇的颈上，一面系在医生的颈上，这样隔了一层布桥，医生上面和产妇面面相对，两手却隔了一层布在下面摸索。

在许多未开化民族中，对待产妇还是沿用着最野蛮的方法，使她隔离，听其自生自灭。或者像古代的文明人一样，用种种催生的方法，将产妇幽禁，断绝食物，或者由女伴分执手足在床上颠弄，吊在禾杆上，捆在路旁使牛马驰过受骤然的惊吓，据说这一切都可以使胎儿在母腹中不得安居，魔鬼也可以早日放手，使它早点出世。

# 寡妇殉葬

在现代文明社会中，寡妇这名词将逐渐被淘汰，不复存在；但在文化落后的民族中，对于妇人，这还是一个极为不幸的名称：丈夫死后，不仅半世的幸福从此葬送，有的连生命也难保。

在印度，有一种叫作 Sattee 的著名的风俗，就是丈夫去世后，举行火葬时，妻子也要随之殉葬，不论情愿不情愿。如果不这样做，便认为使死者不安，对生者的家属也不吉，而且要引起疫厉，所以有时竟强迫着执行。这是世界上著名的对待寡妇的惨酷风俗。“苏地”（火烧寡妇）举行时，大都采用公开仪式，吸引着无数的观众。寡妇须盛妆打扮，穿上新娘的吉服，由亲属搀扶着，在婆罗门教徒簇拥之中，向预先搭好的火葬台走去。从家中到火葬台的路上，都铺上花朵，槟榔叶和棕榈。寡妇沿路要向观众施钱，但大多数已在昏迷状态中，因为事先已使她饮了大麻叶等类的麻醉剂。在肃静之中，观众围了火葬台站住，寡妇要绕台走三周，然后由婆罗门教徒扶着，走上火葬台。丈夫的尸身已经放在台上，她这时便在他的脚前躺下，或者将丈夫的头枕在膝上。一根绳子将她缚在一排木头上，四面浇上油类，然后就用火把开始点火。为了要坚定殉葬者的意志，教徒和亲属们便开始祈祷唱歌，一面大声举哀，吹喇叭打鼓。其实，这一切声音都是用来掩过殉葬者的哀号的。无论一个人心志怎样坚定，即使饮了蒙药，但是当火焰渐渐舐上了衣服死神走近了时，是无论如何忍受不住的，于是便开始挣扎喊叫，一面咒诅她的亲属。据说这时的咒诅最灵验，于是便用乐声将她的咒骂掩盖。有时殉葬者忍受不住，挣断了绳索，不顾一切的从高台上跳了下来，但是众人追上去将她擒住，重行抛入火中。有一次有个英国人曾目睹一个寡妇从火葬台上跳下了三次，跳入附近的一个水池，但是众人重复三次将她投入火中。

殉葬者这样逃避，是最不吉的事，据说将使死者的魂魄不安，而且还要引起瘟疫，所以婆罗门教徒都事先预备好长竹杆，一见寡妇开始挣扎时便将她压住。

英国人统治了印度以后，认为这种火烧寡妇的风俗太残酷，便严订法律禁止，凡火烧寡妇者均以谋杀论罪。这法律于一八二九年颁布，但是效力很小。直到一八七五年，将一次参加“苏地”的三十几个人，都按照谋杀罪判处死刑，这才将这风俗革除。但在英国势力所不及的地带，这风俗依然存在。

据说火烧寡妇殉葬的风俗，在印度古代并不存在，据吠陀经典的记载，丈夫火葬时，妻子走上火葬台躺下，预备殉葬，这时有一位亲戚手执弓箭走上来预备将她射死，另一个亲戚又走来阻拦着说：“起来罢，妇人啊！你是躺在一个已经失去了生命的人的一旁，起来到活人的世界来罢。”于是寡妇便走了下来，举火燃柴，仪式便告完毕。

活烧寡妇的起源，是由于回教徒占据印度以后，虐待印度士卒的遗族，使得寡妇们宁愿殉葬，于是婆罗门教徒便将吠陀经文曲解了。

# 谈毒药

人类对于毒药的认识，比认识一般的药物为早，古代的所谓医生，实不过巫师性质，为人解救毒药，同时也为人制造毒药。那时毒药更和魔术有关系。一根毒草可以用咒语来解救，一朵寻常的花也可以用咒语使它成为毒药。

古代所用的毒药大概有三类，一种取自植物的根或果实花叶，一种取自动物的毒液，一种取自矿物，加以炼制。前者是最原始的毒药原料。取材便利，毒性猛烈，可是发觉也容易。近代的毒药案，则已采取化学或有机物体，不仅无色无臭，而且大都也无伤痕，慢性的使身体组织中毒，实在不易发现。

古代克莱奥巴达女王（Cleopatra）用毒蛇自杀的遗闻，是最动人的一件哀艳故事，她所用的蛇据传说是asp，形体很小，但是毒性猛烈，而且无痛苦不致改变容貌。她先用这毒蛇向婢女加以试验，然后才放到自己的胸上。这正是那时的惯例。许多人都用奴隶或囚犯来试验毒药，同时也试验它的解药。

除了蛇毒之外，其他的小动物，如蝦蟆，蜥蜴，毛虫，蝙蝠等的血液或毒液，也为古代人所常用。植物方面，最常用的是Hemlock（一种芹科植物），希腊人将它认为法定的毒药，专供人自杀之用。大哲苏格拉底的自尽，当局所颁的毒药杯便是这种。据伯［柏］拉图记载，这毒药服下之后，四肢渐渐麻木，从脚底冷上心头。

许多野蛮民族所用的毒箭，药料各地不同，大都采取各地特产的植物，加以炼制，成为膏状的物体，将箭簇在药内蘸一下或同煮便成。非洲某一部落的土人用一种小毛虫作箭毒。射中之后便发狂而死，解救的方法是吃一只这种活的毛虫，据说是唯一的解药。

马来人有一种下毒的方法，所用的毒药名为Potas，是氰化钾性质。他们先将一柄餐用的尖刀，将刀的后半截在毒药里浸一下，然后请仇人来吃饭，饭后照例要吃西瓜，他们便用这尖刀来剖瓜，自己吃前半片，而将后半片敬客。

在十六世纪十七世纪左右，意大利盛行用毒药杀人。新的毒药层出不穷，毒杀案也层出不穷。最著名的是一个名叫陀伐诺（Torfano）的女子，以贩卖毒药为业，从她手中曾毒死过六百多人。当时的权贵之家，为了怕人暗算，曾雇用人专门尝试酒食的有毒与否，又专用威尼斯产的玻璃杯和犀角杯饮酒，据说前者的质地遇毒即裂，后者则能吸收一切的毒质。

《洗冤录》第三卷中，曾说到中国历来惯用的许多毒药。鸩鸟只有其名，用者不多，最普遍的是砒霜和鸦片。前者用以杀人，后者用以自杀。更有许多性质相反的食物，如苋菜与鳖，蟹与柿等，说是吃了都可以致命。对于这等毒食，我们没有古代的奴隶可供试验，所以很难断定。但有一条原理是该信奉的，即一切食物，服之过甚或不当都可以中毒。所以人参也可以吃死人，而叫化子在冬天用烧酒和些微砒霜，吃了反可以御寒。

# 色情的犯罪

世界文明国家，为维持社会道德和风化问题，对于一切违法的性行为和猥亵行为，法律上均有专律裁制。这其中因了风俗习惯和民情关系，各国的注意点各有不同，所处的刑罚也有轻重之分；如犯鸡奸罪者，英美等国均处绞刑，奥国则仅处五年以下的有期徒刑，我国也仅处三四等徒刑或罚金，这其中上下是很大的。

一切的色情犯罪，当与社会文明的程度成正比例，即文明愈发达的社会，色情的犯罪也愈多，这实是一个特异的现象，然而这现象是不难解释的。物质文明发达的国家，生活大都紧张而枯燥，人与社会的机构密切，经济的压迫也愈甚，在这状态之下的人们大都早熟，在在需要刺激和发泄，社会上又有种种以刺激色情为目的之娱乐在引诱，于是色情的犯罪便无可避免的增加了。

著名的犯罪学专家郎勃罗索氏，主张防范色情犯罪的最好方法，是提倡合理的结婚和离婚，盖一切色情的犯罪，不外已达结婚年龄而尚无配偶，或不良的结婚生活所生的影响而已。若能打破以经济条件为中心的婚姻观念，男女双方能在合理的条件下获得结婚离婚的自由，不受恐慌，也不受牵制，则一切色情的犯罪可大大的减少。因为所谓色情的犯罪，由于性欲无正当途径发泄者占多数，而一切度［变］态性欲者的犯罪究占少数也。

色情的犯罪最常见的是强奸罪，即以强暴手段威胁或以药剂使对方失却抵抗或自由，乘机加以奸污。这罪名向来是属于男子的，但现代法律也有对女子加以强奸罪的了。诱奸未成年的女子，无论对方态度如何，均以强奸论罪，不过各国对于成年的年龄限制大有上下，如德国为十六岁，奥国为十四岁，日本为十三岁，中国以前为十二岁，后来改为十六岁，现在又像是退到十四岁了。

与有夫之妇或有妇之夫通奸的是和奸罪。这与强奸罪的异点，是在强奸罪仅处罚强奸者，此则双方都有罪了。

原始社会中无所谓和奸罪，更无所谓强奸罪，只有鸡奸，兽奸，血族相奸，则被认为不祥事件而由大众加以处罚；这动机与其说是为了风化问题，倒不如说是为了宗教问题。

在文明社会中，强奸幼女的案件一年比一年增加，差不多是各国的通例，这实是现代文明的一个畸形现象。其他属于鸡奸的男色案件也有增加的趋势，至于女子的同性相奸和血族通奸，则因了犯者双方为廉耻之故，大家讳莫如深，所以很少有牵涉到法律范围的。从其他的色情犯罪看来，这种行为在现代文明社会中也未必会减少吧？

# 火　　葬

一八二二年七月的一天，英国十九世纪浪漫派三大诗人之一雪莱的遗骸，早几天在海口遭遇了风暴淹死的，在意大利的海岸沙滩上举行了火葬。仪式很简单，从附近森林中砍来的松树，堆成了一座小台，尸身便在上面焚化。怒涛汹涌，白鸥上下，一缕黑烟直上云霄，当时立在一旁照料葬事的同伴诗人拜轮，因为奈不住这凄凉的情景，便退到一旁去休息。

雪莱死得浪漫，葬仪也来得浪漫，许多人以为这是拜轮的主意，其实是意大利海岸管理当局的规则，凡从海里捞上来的尸身，一律要就地火化，为了免除传染疫厉。

这一条规则正代表了当时人对于火葬的态度，只认作是一种消毒防疫的方法，而不认作是一种葬仪。不仅从海里捞起来的尸身，凡是患天花瘟疫等传染病死的，一律要火葬。所谓火葬，那时还没有火葬场，实不过架起火来烧了完事。

火葬是很古的一种葬仪，许多未开化民族都采用火葬为最敬的葬仪，希腊罗马人也间用火葬，东方印度更是火葬的流行地。只有埃及人不用火葬，他们用香料去保存尸身。

在有一时期，基督教和天主教都反对火葬。他们的理由很简单。一，耶稣的葬仪是土葬，并未采用火葬。二，将来天地末日，死人都要从坟墓里复活升天，这是经上明白记载着的，如果烧得骸骨无存，将来用什么去复活呢？

火葬和土葬确实有过一个争辩的时期，这争辩直到今天还未决定。主张火葬者，说这种葬法最简便卫生，又经济又爽快，不占土地，免除传染，免除对于“死”的确暗感觉。反对者却说这是杀风景的葬法。古今来许多伟人的坟墓，不仅可供人凭吊，而且还发人深省，如果古人一律采用了火葬，今日世上将无一座坟墓可见，这是人类文化上的一大损失。况且土葬并无不卫生处。曾有专家发表意见，尸身埋到六尺深的地下，决无透发气味或病菌的可能。

今日比较文明的国家，大都已有火葬场的设备。火葬土葬，任人自便。法国更规定葬仪由死者在遗嘱中规定，后人不得妄为改动。但囚犯，因公伤亡，传染病，或客死异域，今日已规定必需用火葬了。

古代的火葬，是真正的用火焚烧尸身。但现代的科学方法火葬，火焰并不与尸身接触，只是用极高的热度使尸身化为灰烬，严格的说乃是｛烤葬｝，所以英国人俗称火葬场为｛烧烤室｝(Grill Room)，这真是一个｛虐谑｝。

尸首经过火葬后，尸灰大都盛在一个罐中，由亲属领回或藏到指定的地方。若是“名人”，大都更预先将心脏取出，埋到他的故乡或逝去地点，脑髓挖出来交给医生去剖验。

除了佛门的火化以外，对于注视遗骸的东方民族，这种葬仪的通行，大约还有些时日等待。

# 沙孚的同性恋

有人说世上有九位女神，可是说这话的人太疏忽了，

你看！这里还有立斯波的沙孚，她正是第十位。

这是大哲学家柏拉图给希腊女诗人沙孚写的墓志铭。从他这样的推崇上，可见女诗人当时所占的地位了。

对于这位女诗人，除了她的作品以外，世间还有一种传说，说她是女性同性恋的倡始者，而且是实行家，所谓“沙孚式的恋爱”，正与“柏拉图式的恋爱”相等，成了一种专门名词。她招集了许多女弟子，群居一处，终日研究各种艺术，据说她们这时都陷于一种官能上的享乐，发生了不便告人的关系。在女弟子之中各有各的同性爱人，因此有嫉妒也有失恋，这一切都从沙孚的作品中流露出来。为了这个原故，沙孚的作品便被目为不道德，遭了教堂的焚毁。今日流传下来的沙孚的作品，已是从他人作品的引证中零星搜集而成。吉光片羽，与传说中的一万二千行的遗作已相差很远了。

沙孚最得意的女弟子，也可说是她的爱人，名叫阿地斯(Atthis)。她的行为和她的作品之所以遭人非议，可说大半为了这位女弟子。沙孚会见阿地斯时，她的年纪还很小，曾为她写下这样的诗句：

> 我爱你，阿地斯。好久以前就爱上你了，当我还在少女花开的时节，而你在我眼中还是个羞涩的小孩子的时候。

但阿地斯不久就长成了一个绝世美丽的少女，两人就从师生之谊变成了爱人。沙孚带她住在乡下，不愿进城市，为了怕有旁人从她手中夺去这个爱人。但阿地斯却开始对沙孚倦厌起来，同时她的家属也反对她和沙孚的关系，于是不久阿地斯就走到旁的男子怀中去了。这当然使沙孚很伤心，我们可以从她自己的记载上看出：

> 她和我分别时在哭泣，她说，天啦，我们所受的是怎

样的痛苦哟！沙孚，我向你发誓，我是被逼而离开你的。我回答她说，你去走你自己的幸福之道罢，但是请记住我，因为你知道我是怎样的爱你，如果你不记得，率性让我来提醒你罢——我们在一起的生活是多么美丽的；因为总是在我的身旁，你用那许多紫兰和玫瑰的花环装饰你的长发，而你优雅的项上戴着百朵花圈；你向来躺在我的胸上，用那各种华贵的香料熏染你年青的肉体；你躺在一张华丽的榻上，从我女奴手中接受一切心爱的东西。没有一座山，一丛树林，一道河，不是我们二人携手同游；而当夜莺的歌唱使得每座树林中充满着春声的时候，总有你我的踪迹……

这是沙孚的回忆，此外她还有一句绝唱：

我将不能再见阿地斯，我也等于死了！

沙孚的死，是投海自杀，但是却不是为了同性恋，而是因了对于她的晚年的情人费翁（Phaon）的失恋。

# 动物的房术

伐贝格（Forberg）在他的《房术图解》（*Figurae Veneris*）中曾举例了四十八种性交姿势，印度典籍中所列的花样更多；这一些即使在人类的生理构造上是可能的，但在性交的真义上（传接种子），大都是无益的。一般的动物，在这方面，它们的智力与人类相差很远，但它们却知道采用着最有效的姿势。虽然动物之中也有知道手淫和鸡奸的，但它们却一例的鄙视着人类最普遍的面对面的姿势。

人类的亲属——人猿，虽然可以双足站起来行走，但它们的性交姿势正和一切动物昆虫一例，是从后面的，因为猿类的

站立，正和袋鼠与松鼠一样，即使在站立的姿势中，你也感觉它们是四只脚的。

动物的性交，牛最快，几乎是一瞬间就完事。犬类则因了它们的手续延缓，成为人类最常见的嘲弄对象。这因为雄犬的生殖器中，有一根包围尿道的软骨，四周的细胞在兴奋中会特别扩大起来，以致事后需要很久的时间才可以恢复常态，于是只好在欲罢不能的窘迫状态中，任凭人们的嘲弄了。

有一种传说，说象类最知羞耻，性交必须在深林密箐中举行，不让他人窥见，人类撞见了便要被置诸死地，这可说仅是传说。虽然一切动物都喜爱在大自然的怀抱中度它们的性生活，但在人类的豢养下，它们并不就此放弃了性生活。动物园的管理人，可以证明象类的性交并不避人，雌象的翕张着的生殖器并不比在森林中减少兴奋。她的生殖器直伸到腹下，为了这个原故，她将前脚跪地，以等待她的爱人。

更庞大的鲸鱼，雄性的生殖器官即在寻常的状态中也有七八尺长，为了适于它们的特殊生活状态，它们在性交时能像两只巨舶一样，倾侧的浮着，彼此的腹部相对。

海狗和一般鱼类的性交，都是雌的反身向上，腹部对腹部而行。鳄鱼据说在水中是采取相叠的姿势，到了岸上就改用面对面式，事前由雄鳄鱼帮助雌鱼使她翻身向上，事后再使她翻过来。一翻一覆完全由雄鱼代劳，与人类比较起来，似乎是更有礼貌了。

猫的生殖器确是有刺，所以不仅开始时要喊叫，就是事后也要呻吟。但这苦痛的程度和田鼠比较起来就相差很远了。处女田鼠的生殖器，几乎完全为一层薄膜所掩蔽，第一次性交，可说等于行外科手术。在春情发动时机，田雄［雄田］鼠放弃了掘土的工作，开始追求雌田鼠。雌的因了先天遗传下来的印象，开始本能的逃避，向地下掘洞，但雄的更聪明，他在雌的四周掘一道圆形的地道，雌田鼠正以为可以突围而出的时候，她的新郎已经从背后扑上来为她施行外科手术了。

# 接吻种种

阿拉伯人的关于爱的技术的名著《香园》，其中曾有歌颂接吻的诗词：

当爱情的火焰在心中燃烧的时候
无处可以治疗；
没有一位巫师的魔术
能给与心儿所渴望的东西；
任你符咒
也不能实现希望中的神迹；
而最亲密的拥抱

仍使心儿冰冷而不满足——

如果缺少接吻的狂乐。

对于接吻，东方人是比西方人更了解的。接吻在东方人的心目中完全是一种享受，丝毫没有“礼貌”的意味。法国曾有一部《欧洲人和中国人的接吻》（Le Baiser en Europe et en Chine）将东西的接吻观念加以比较，说西方的接吻风俗，完全是吃人肉的习惯残留而已。

霭理斯曾写过《接吻考》，说原始的接吻与触觉和嗅觉有关，是吮吸和口咬的进步，这完全是从低级动物遗传来的；许多动物在交尾时都互相口咬，而人类的接吻也确实有一点“萨地主义”的意味。狂热的接吻之下，总要引起“我恨不得咬你一口”的表示，便是这种感觉的流露。据密兹格氏（Metzger）记载，有一个人在新婚之夜，向新娘狂吻之下，竟将新娘咬死吃了起来。这人虽然证实是疯狂，但接吻和食欲有关却是显明的。

也许因为嘴唇的形状和色泽都与生殖器相似，因此嘴唇的接触不仅是爱的表现，而且更是“性”的满足。接吻实在是介乎性与爱之间的。德国人相信一个女子肯让你接吻，她不久就可以允许你更进一步的动作。法国女子更将接吻当作性交一般

重要。至于东方人，是最能了解接吻艺术的，当然更不用说了。

接吻的对象不限于嘴唇。额角和面颊的接吻，大都是亲爱和礼貌的表示，吻手是尊敬或祝福。非洲某一部落的妇人，在庄严的宗教仪式之中向教士的生殖器接吻，说是可以医治不孕。

变态性欲者的接吻，所谓 Cunnilinctus 或 Felation，都是以嘴唇与男女生殖器接触，希腊的“沙孚式恋爱”，中国人的所谓“品箫”，都是属于变态接吻之列。

# 花　　痴

性欲平淡和性欲过盛都是一种病症，前者是阳痿或不育，后者则成为花颠。这种性欲过旺的患者，因了无法满足其无止境的性欲之故，便成为一种疯狂，无论男女，见了异性，便毫不知羞耻像禽兽一样的扑上去纠缠，更甚的则无论是人是物，只要合乎其变态的想像，见了便去搂抱作猥亵行为，常常酿成兽奸鸡奸或强奸幼女的罪行。这种病症，在男子方面名为Satyriasis，女子方面名为Nymphomania，都是一种性欲的神经过敏症，普通都称作“花邪风”“花颠”或“花痴”。这种病症是有间歇性的，常因了个人的种族，年岁，习惯和环境而

异，大都有相当的神经病伴随着。好的时候彬彬有礼，与常人无异，一旦发作，则无法统制自己的情欲和行为，浑身脱得精光，无论是人是物，见了便要搂抱了。

在老年的男子方面，另有一种局部的性欲过盛症；这种人在白昼并不感到苦痛，一到夜晚则阴茎勃起，强倔不休，痛苦万｛分｝，直到白昼才萎弱。这是性神经中枢失去统制能力的反射，有时一直要延长好几年才痊愈。

花痴症患者男子多于女子，而女子的症候则常比男子猛烈。过度的手淫常常是惹起性欲过盛的主因，有些女子为了寻找刺激之故，常常去请求妇科医生诊察，而暗中从医生使用子宫扩张镜或他种器械上获得性的满足，其结果便往往使自己的性欲无法满足而流为性欲过旺症。

鸠费奈耳氏（Juvanal）所描写的米塞尼娜女王，可说是女性花痴的典型。她为了满足自己无法满足的性欲，投身到妓院中。无限制的接待男子，但是仍不能得到满足。法国大文豪龚果尔兄弟的日记中，也曾提到一位房东太太，每晚在一张陌生的床上所获得的奇遇。

巴黎的医药杂志，曾有载特莱拉医生的报告，说有一位请求诊治的女性，年已六十岁，她从小就追逐男子，性欲异常猛烈，但这种行为常常背了人举行；在两个以上的男子面前，她羞涩如处女，但一旦与一单身男子独在一处时，无论对方是老人，是青年，是儿童，她立时变成了雌老虎，不顾一切的干出种种猥亵行为。她的家庭绝望了，为了万一的希冀，设法将她嫁到远方，但是无济于事，她常常将毫不认识的路人引诱到家中来。但在众人面前她又是温雅有礼，使人绝不相信她私下的丑行。

老年并不妨碍她的性欲的活动，一直到做了祖母，她仍是见了男子便引，后来终于因为引诱一个十二岁的小学生被发觉，送入救济院。在救济院中她的和善的态度和守规则的行为，使她不久便获到释放。但一出院门，见了第一个单身男子，她又故态复萌了。

她的儿孙为了免除玷辱家门，将她寄居到远方，每月给她一点津贴，她这时已七十岁，但是仍用这一点津贴养活她的汉子们，不足则自己作种种手工以补助，直活到七十四岁才死。死后的解剖并不曾从生理上获得关于她的这种性欲异常的解释。

# 酒与性机能

一千八百九十年，德国柏林招待国际医药会议的盛宴，那天晚上，四千位来宾，一共饮了一万五千三百八十二瓶酒，四百八十四加仑啤酒，三百瓶白兰地，几乎全体酩酊大醉，结果会场外面充满了醉汉的丑态。好像一群青蝇赶集一块腐肉一样，这天晚上，柏林的娼妓守候在会场的门口，各有各的主顾，大家做了一笔好生意。这样，花柳病的预防和遏止，在下次会议中当可获得更热烈的讨论了。

布洛讫博士引用这一段插话，说明男子在酒醉之后最容易失足，走在街头上最易成为娼妓的捕获物，丧财失身之外，还有玷污花柳病的可能，因为饮酒最为刺激性欲，而至某一程度的醉酒，因了神经麻醉的关系，可以延长性交的时间，因此不啻增加了花柳病传染的机会。

根据许多医生的报告，两个男子和同一有花柳病的娼妓继续性交，结果常常其中一个染上花柳病，一个则否。而进一步仔细加以研究，则在多次的试验之中，总证明受传染者常系在醉酒的状态下。

饮酒对于女子的性欲的影响，正与男子相仿。许多妓院的管理人，常使新来的娼妓染上饮酒的习惯，为了可以容易适应她的职业和环境。妓院中多备有猛烈的酒类，这不仅可以笼络客人，而且还是一笔巨大的收入，因为在醉酒之后的客人常是一个最慷慨的主顾。

少量的饮酒虽然可以刺激性欲，但饮酒成了习惯之后，则起初只有在微醉的状态之下才可以兴奋，过久则完全失去性机能，成为萎弱。莎士比亚在他的名剧《麦克贝斯》第二幕中说得好：

饮酒可说是一个荒淫的拨弄家。它引起意念，但是带走了行动；它挑动淫乱，但是又阻止他，使他着迷，又使他不能到手；一面催促，一面又使他失望；使他能抵抗，

又使他无法抵抗……

有饮酒习惯的父母所生的孩子大都不易长大，即使长成后也多是衰弱，缺少抵抗力。据说饮酒的父母所生的孩子，八分之一染有梅毒，而白痴小儿有二分之一以上是出自有饮酒习惯的父母。

这里当然不想讨论禁酒问题，而且中国日常的酒类都比欧洲人的和缓，但是酒能乱性，这是古已有之的明训；贪杯误事和酒醉失身的男女更不可胜计。广东人的“三鞭酒”虽说夸说它的妙用，但它的反作用也许更大罢！有人说，人类有三大敌人，一是梅毒，二是肺痨，其三便是饮酒，这三者都互有关联，是人类寿命和文明的劲敌。

德国霍甫特曼的名著《日出之前》，其中主人公罗斯发现他的爱人海妮是出自饮酒的家庭，便立即和她绝交，正是这种理论的反应。

# 乱　　伦

在只有性生活没有结婚生活的原始时代，家庭关系不存在，因此无所谓乱伦或对于性交的禁例；只要是异性，便是性的对象。等到种族观念发达，血族通婚在有一时期反而受到拥护，因为在那时期，孩子属于母系，男子为了自己一族的蕃盛关系，都不愿女子嫁给他人。乱伦的性行为列入塔布（原始人对于性的禁律）的开始，还是为了发现血族结婚的结果，使得子女不蕃殖或者不健康，为了整个种族的卫生，便对于男女二人的血统设下种种限制，其实其中并不含有道德观念存在。

原始的神话和传说中，神的私生活大都有乱伦的成份，父

女恋爱，兄妹相通，以及母子相奸的故事很多。为了这个原故，后世的宗教家曾费了极大的努力扑灭此种故事，或给以种种可原谅的解释。道德的裁制也许比法律裁制的效力更大，今日文明人对于乱伦事件的非议，说是为了健康关系不如说是为了道德关系。

目前所有的乱伦事件，可说都属于偶然的遭遇。譬如说，房屋狭小，成年的子女杂居一处，过了结婚年龄尚未嫁娶，久旷或新寡，以及在醉后或狂欢的状态之下所酿成。上流社会所发生的乱伦行为可说由于耽淫昏聩的结果，下流社会则因了缺乏教养和道德关系，中产阶级的乱伦事件是极少见的。

专制时代的宫闱，是最容易发生乱伦关系的场合，中国便有不少成例，法国的第二帝制时期，也盛行乱伦，许多贵族家族都有骇人的不可告人的秽闻。

德国于一九零七年八月，曾将一个四十七岁的手工工人叛处三年徒刑，为了他和他的二十七岁女儿有暧昧关系，据说这女儿和父亲发生关系已有十五年之久，其间父亲曾经续娶过，继续和女儿发生关系，并禁止她与任何男子往来。

Eugen Sue 在他的《巴黎之秘密》中，曾说及巴黎郊外的贫民窟中，父亲大都和女儿有关系。美洲的印第安人，在有一时期，大女儿总要陪了父亲到山上制面饼，须数日始返，这时候大都像《圣经》上所说的罗得两个女儿一样，和父亲有了关系。

母女或父子同恋一人，可说是乱伦关系中的变例。哀斯托克（Estoc）在他的 *Paris-Eros* 中，曾说及有一个少年人和一个中年妇人恋爱，随后又爱上了她的两个女儿，后来更鸡奸了这妇人的丈夫。克斯丹博士（Dr. Kersten）曾报告，有一个六十五岁的摩耳人，和他的养女相通，生了一个女儿，待这女儿到十三岁时，他自己又将她奸了。布洛讫也说他曾见过一部小说原稿，主人公将某一对夫妻二人都当作了爱人，和妻子姘识，一面又和这丈夫发生同性爱。

# 避孕与堕胎（上）

英国马尔萨斯的人口论，说人类的生殖率超过自然的给养率，以致影响社会安宁，主张节欲以及晚婚以限制人口，可说是近代避孕术提倡的始祖。其实，人类采用种种方法以避免受孕，其历史是颇悠久的。一般动物虽然从不知道避孕，但原始人，如澳洲的土人，通行一种名为“米加”（Mica）的避孕手术，将男子生殖器尿道的下边割开，以便射精时精液恰从肾囊前面流出，可以不致射入女子的腔内，关于这种种原始的避孕术，巴台耳斯（Max Bartels）的《野蛮人的医药》一书中曾说得很详细。不过他们的所谓“避孕”，并不是为了人口过剩或健康关系，实是为了享乐，正如希腊当日的史家所记：

> 在我的时代，整个的希腊都感受儿童的缺少——这就是说，缺乏男子；因为男子过于耽溺逸乐，贪财好色，以致他们不愿结婚，至少是，不愿多养小孩。灭此古国者并非敌人的剑，乃是缺少子女。

但从健康卫生以及经济关系上讲，夫妇之间在某一时期，为了妻子的健康，为了家庭的经济，必须实行节育或避孕。德国的格鲁贝医生（Max Gruber）曾再三说明，一对夫妇生了四个孩子以后，孩子的先天营养便渐渐不如从前，父亲体内潜伏的疾病也逐渐暴露，有遗传的可能，这时最好即实施节育，这是极合道德的举动，不仅保护家庭的健康，而且保护种族的健康。

避孕的方法很多，有的间或有效，有的有效而有害。绝对有效而又绝对无害的方法似乎还不曾发现，而且每一个专家各有各的意见，我们且随便谈谈。

有人根据月经和性的周期律，说在妻子的月经来潮前三四日，潮后十四日内，停止性交，可以避免受孕，因为根据研究，受孕最易是在月经前后数日内。但这并不一定。又有说五月六月受孕最多，此时最宜禁欲，但一年之中其他各月仍有受

孕的可能。

比较有效的，是延长婴儿哺乳的时期。因为在哺乳期内，月经大都不能准时来潮，因而减少受孕的可能。但这里该提出警告的，是褒坦斯特底氏（Karl Buttenstedt）的“人工造乳避孕法”的荒谬！他说女子们随时均有分泌乳汁的可能，如果男子能按时向女子的乳部吮吸，可以诱发乳汁，即使男子的乳部经女子的吮吸也有这样的可能，人乳是最滋养的，这样，男女互相吮吸，既健康又可以避孕。——这理论当然是空想的，不值科学家的一顾。

更有一种，是关于性交的姿势和态度的。许多人相信，受孕的条件，必须女子方面热烈动情，和男子一样处于主动的地位。如果女子冷淡而毫不动情，便不会受孕，这也是不值一顾之谈，只要举出在强奸的暴行中，女子有时也有受孕的可能，便知道这方法的不可靠，至于采用各种奇异或变态的性交姿势以求避孕，健康方面受影响不必说，其结果也同样的不可靠。

# 避孕与堕胎（下）

“性交中止法”（Coitus interruptus）也是避孕术的一种。所谓“性交中止”，就是在男子要射精的时候，随即缩了出来，使精液射在女子的腔外。这方法在避孕方面虽有效，但许多医生都反对，说容易引起男子的神经衰弱或神经过敏症，而且从宗教家看来，这是浪费精液，无异手淫，可说是一种罪恶。据说意大利人惯用与此相类的方法，极力延长性交的时间，在其间吸烟谈话，辍而复作，作而复辍，藉以避孕。

据《妇人的性生活》著者克斯讫（Heinrich Kisch）说，罗马尼亚和法国妇人，通行一种简易的避孕法，就是感到男子

要射精的时候，女子用手指紧压男子生殖器的摄护脉(Prostate Gland)，使精液流入膀胱这方法，不用说，对于健康当然是有害的。意大利和新基尼的妇人则在性交完毕之后，立刻作局部肌肉运动，使会阴部份猛烈伸缩，藉以将精液排泄。这方法虽无妨健康，然而收效极小。

到目前为止，比较可靠而又无害的避孕法，是采用子宫帽和避毒套。不过前者使用不易，有时因动作滑开原有地位，尚有漏网的可能，且有种种不愉快的感觉。至于男子使用的避毒橡皮套，可说是在避孕方面最有效而又安全的一种，只要保存得宜，一套可用数次，十分经济合算。许多医师和妇女问题专家对此均无异议。不过要注意的是，勿购有突起的点粒或畸形者，这是刺激女子感觉的工具，并非正当的避孕套也。

另有一种冲洗阴道或用药物塞入阴道杀死精虫的避孕法，但因所采用的化学物或药品，偶一不慎便有意外的危险，实非一般妇女所能应用自如的方法。至于割除喇叭管，卵巢或子宫的外科手术避孕法，虽然有效可靠，然而这是万不得已的方法，更非一般人所能采用的了。

因了避孕的方法不能十分有效，于是便有堕胎事件的发生，这是一个更重大的社会问题和妇女问题。各国的刑法和宗教，都肯定堕胎为不道德的罪行，无论堕胎者本人或帮助堕胎唆使堕胎者，都一律课罪，中古时代更处以谋杀或杀人罪的死刑。其实这正是一个极复杂的社会问题，并不能仅以不道德而科以刑罚了事。斯特莱脱堡氏（Gisela von streitberg）说得好：社会对于不合法的性交既然认为是可耻或犯罪，但对于因这样关系而受孕的胎儿却又加以保护，但这种胎儿一旦分娩之后即成为私生子又受社会所唾弃，实在是一种矛盾可笑的现象，因此有不少进步的立法者及妇女问题专家，都以为凡是堕胎案件，只要出于妇女本人的自愿，应该加以原谅，如因强奸而受的胎，的何法理或道德都不能任制这妇人保留这暴行强结果也［疑正常语序应为“任何法理或道德都不能强制这妇人保留这暴行的结果也”——编者注］。况且未分娩即婴儿，在母腹中是否享有法律保障的权利，也是法学上不能立即决定的一复杂问题。

堕胎是文明的产物。愈是物质文明发达的国家，堕胎的事件愈濒［频］见，都市比乡村为多。大多是在暗中进行，能成为罪案者不过其中千分之一而已。在这方面，欧美人的比数是比东方人更大的。巴黎有一位托马斯夫人，在八年之中曾经为人施行堕胎一万次，她的手术费最低者只要两法郎而已。

堕胎的方法有服药及手术两种，两者都有相当的危险。到目前为止，十分安全的堕胎法似乎还不曾有，这是万不宜轻试的一种生命的冒险。

# 花柳病考

法尔奈耳（Alfred Fournier），花柳病研究权威，曾说过一句沉痛的话：

“在醉酒与肺痨的合作之下，梅毒在今日世界所占的地位，正与黑死病在中世纪所占的一样。”

花柳病的三骑士，梅毒（Syphilis），白浊（Gonorrhoea），下疳（Chancre），蹂躏人世的历史已经有几世纪，其中白浊和下疳的历史最久，古代已有发现，梅毒则是比较的在近世才猖獗，虽然在一千九百年，巴黎皇家医学院的展览会出品，从埃及所摄取的纪元二千四百年前的人骨照片中，已经有梅毒伤害

的痕迹，但不能证明这骨伤确是由于梅毒。有人说梅毒发源于中国，但据日本人考证的结果，中国在十六世纪以前绝无梅毒发现，就是其他各国的医生和历史著述，在十五世纪以前亦从无提及梅毒者，虽然有不少类似的病症。

布洛讫曾写过一部《梅毒的源流》，将各种不同的推测一一驳斥，根据可靠的资料作一结论，证明梅毒是发源于南美洲的印第安土人，最初欧洲并无这病症存在，直到一四九三年到一四九四年之间，哥伦布的水手们才从中美一带将这病症带入西班牙，他们是传染自亥帝岛（Hayti）的土人。从这以后，梅毒才跨上欧洲大陆，接着查理士八世的军队将这从西班牙带到意大利，开始成为一种流行的传染病。军队解散以后，这病症便由兵士散播到欧洲各地，后来更由葡萄牙人带到远东，传入印度，日本和中国。

梅毒虽然发源于南美洲的土人，但北美洲受到这恶魔的蹂躏比欧洲还要迟缓。直到今天，梅毒已征服了整个的文明，反而只有几个极闭塞的野蛮部落，如非洲中部和布鲁塞尔中部，还不曾被侵入。有人曾将美洲的土人加以调查，三十几个部落之中，有十八个部落几乎没有花柳病的痕迹，十三个部落则否。没有花柳病的部落，有禁止女子与外人发生关系的禁例，其他则并无这种禁例。更根据调查，那些有花柳病的部落，大都由白种人传染而来。所以梅毒虽然发源于野蛮人，但到今日已成为文明人的财产了。

据说梅毒在中世纪开始传播时，病状极猛烈，是不治的死症，到现代毒性已减退了，有退化的倾向。花柳病在今日尚不能完全肃清的原因，娼妓问题固然大有关系，然而一般人对于花柳病的错误的观念实为一大障碍。

社会和道德均向来视花柳病为一种罪恶，为恶行的果报，为可耻的疾病，以致患者讳莫如深，多方隐蔽，延长病根，增加传染的机会，实为花柳病不能肃清的一大障碍。要完全消灭这个人类的大敌，这种观念必须矫正。须知花柳病不过是一种“疾病”是一种不幸，是完全可医治的疾病，与道德问题丝毫无关，娼妓更只是花柳病的集中地，并非其根源也。

# 婚姻的百面观（一）

一位奥国人，格罗斯荷芬格博士（Dr. Anton J. Gross-Hoffinger），曾在莱比锡出版过一部书名极冗长，但是内容颇有兴趣的书：《妇人的命运以及娼妓与天主教终身婚姻制度的关系，尤其与奥国法律以及当世哲学观念之关系》（*Die Schicksale der Frauen und die Prostitution im Zusammenhange mit dem Prinzip der Unauflosbarkeit der katholischen Eheunb besonbers der osterreicheischen Gesetzgebung und der Philosophie des Zeitalters*）。内容讨论现世法律宗教以及社会对于结婚制度的意见，以为目前的结婚法和离婚法都不能使两性的同居生活成为幸福的结合，他曾向上中下三种家庭，随意调查夫妇生活状态，积满一百对即作一统计，据说调查过数百对夫妇，总是不幸者居多，而所谓幸福的结婚生活大都又属于特殊意味者；实际上，真正理想和完美夫妇生活实百不得一，荷氏因此断论目前的结婚制度距完善尚远，实有改良之必要也。

兹将其所调查一百对夫妇生活情形转述如下：

资产阶级夫妇十七对

（一）结婚生活情形尚佳，妻神经不良，疑有梅毒；丈夫在遭遇此疾以前的性生活可疑。儿童病态。

（二）丈夫不受家庭拘束以后，双方晚年的生活情形很好。

（三）双方年老，情形很好，无子女。

（四）丈夫阳萎，妻子不乐。

（五）丈夫年迈，妻子不贞。

（六）夫妻表面颇幸福，孩子患瘰疬症。

（七）丈夫因环境关系出外，妻子不贞。

（八）双方不幸，男子是浪子。

（儿）双方因年老似颇满足一切。

（十）丈夫为一老白相，妻子不幸，但已放弃一切，无子女。

（十一）情形与第十对相同。

（十二）一对出身贫富悬殊的幸福夫妇。

（十三）丈夫愚钝乐观，妻子淫荡，孩子衰弱，母亲多病。

（十四）丈夫放浪。妻子不管一切。夫妇之间成立一种谅解。

（十五）妻淫夫浪，双方有梅毒，孩子病。

（十六）双方衰弱可怜。丈夫放浪粗暴，妻子日渐衰弱。

（十七）丈夫是一个粗暴的浪子，妻子已分离，不幸。（本节未完）

# 婚姻的百面观（二）

中上阶级夫妇二十八对

（十八）双方不幸。丈夫阳萎。妻年老而淫。无子女，时常吵闹。

（十九）双方因性情良善，隐忍一切。丈夫不忠，妻子忠实而多病。

（二十）双方不幸，家中争闹不息。

（二一）多资而愚钝的丈夫，贫苦多病的妻子。无子女，似乎幸福。

（二二）双方已臻老年，似颇幸福。早年生活不详，子女

有瘰疬症。

（二三）一个高等私倡与浪子的结合，无子女。

（二四）一对老妻少夫，表面似乎快乐。丈夫暗中有情妇。

（二五）不幸的婚姻。双方不满。丈夫放浪，妻子消极。

（二六）幸福的婚姻。

（二七）可疑的幸福婚姻。

（二八）十分不幸的婚姻。丈夫放浪无行。妻子半疯。孩子有梅毒。

（二九）不幸的婚姻。丈夫以前行为不端，妻子不肯原谅。

（三十）美满的夫妇生活！双方淫荡无耻；妻子获得丈夫的允许，秘密卖淫，丈夫有姘妇多人。一对夫妇似乎都很达观。

（三一）丈夫是一个职业的浪子，妻已分离。

（三二）快乐的婚姻。丈夫风流，但未全然放荡。妻子温柔忍耐，忠于丈夫。

（三三）丈夫因酒色而病，妻子庸碌。一对无关心的夫妇。

（三四）丈夫用妻子的财产享福，但是将妻子丢在脑后。她病得很厉害，日见衰弱。没有子女。

（三五）丈夫阳萎。妻子，获得丈夫的默许，与一位朋友有密切关系。因此双方颇安谧。

（三六）放荡的丈夫。放荡的妻子，双方无耻荒唐——在各不相犯的状态中，双方都似乎很快乐。

（三七）丈夫老而病，是一个过去的浪子。妻子和家中一友人有亲密关系。快乐的婚姻。

（三八）不幸的婚姻。丈夫愚钝，妻子十分热情活动。

（三九）不幸的婚姻。一个卑鄙的投机家，引诱一位富人的妻子，随即又将她丢弃。无子女。

（四十）丈夫因女色而萎弱，妻子不贞。幸福的婚姻！

（四一）丈夫因女色而萎弱，妻子忍耐。幸福的婚姻！

（四二）与上列情形相同。

（四三）幸福的婚姻，双方都很年轻，俱未经世故。

（四四）快乐的婚姻。丈夫愚钝，妻子忠实。

（四五）丈夫因酒色萎弱，妻子富有。目前颇幸福。

薪给阶级夫妇三十九对

（四六）快乐的婚姻。丈夫愚钝，偶尔不忠。妻子忍耐，良善，忠实。

（四七）快乐的婚姻。双方年轻富有。丈夫暗中嫖娼。

（四八）不幸的婚姻，强迫结婚。丈夫与姘妇同居，妻子

分离。

（四九）不幸的婚姻，贫穷，嫉妒，无子女。

（五十）快乐的婚姻，因妻子对于烦闷易怒的丈夫之忍受体谅。

（五一）不幸的婚姻。丈夫快乐的与一姘妇同居。妻子不幸的恋一不可靠的朋友。

（五二）不幸的婚姻。愚钝的丈夫，不贞的妻子，始终吵闹。

（五三）不幸的婚姻。丈夫惧内萎弱。妻子凶悍善吵。

（五四）夫与妻已在分离中。

（五五）快乐的婚姻。丈夫性善，受愚弄。妻子是一个荡妇，孩子多病，妻子已病得不救了。（未完）

# 婚姻的百面观（三）

（五六）快乐的婚姻。丈夫是年老的浪子，妻子是年老的娼妇。双方都因过去的生活染上不治之疾。

（五七）快乐的婚姻。因窘迫与愚钝而快乐。

（五八）快乐的婚姻。丈夫是骗子，为依赖自己的人尽着一切的能力。妻子是娼妓出身，因他的善遇而快乐。

（五九）一对幸福艺术的婚姻。双方因互相让步而快乐。

（六十）同上情形。

（六一）快乐的婚姻。丈夫隐瞒自己的娱乐。妻子忠实而温柔。

（六二）不幸的婚姻。双方时有轻薄微行。

（六三）快乐的婚姻。丈夫的贞操似有可疑之处。

（六四）情形相类。

（六五）情形相类。

（六六）不幸的婚姻。丈夫用妻子的钱过活，化在妓女身上，妻子因此终日以发脾气作报复。

（六七）不幸的婚姻。年轻的丈夫以他老妻的资产营商；她吵闹不休，他以酒自溺。

（六八）因双方都贪婪爱财而快乐。

（六九）因贫困而不得不安谧。

（七十）快乐的婚姻！丈夫是酒徒，妻子贪婪，无子女。

（七一）夫与妻已分离。丈夫弃妻子于贫困卖淫而不顾。

（七二）不幸的婚姻。丈夫阳萎，妻子淫荡。

（七三）一对少年夫妇。妻子是一位犹太富翁的姘妇，由他供养这家庭。

（七四）不幸的婚姻。丈夫放荡，不顾妻子。妻子病重，孩子有梅毒。

（七五）不幸的婚姻。双方贫病交集。

（七六）一对投机者的家庭。丈夫已将妻子三次出售于富家翁作姘妇，以此为生。

（七七）不道德的婚姻。丈夫以欺诈度日。妻子以已前姘夫的津贴度日，预备使子女将来卖淫。

（七八）平稳的婚姻。丈夫以前是男仆，现在营商。妻子是娼妓出身，微有积蓄，无女子［子女］。

（七九）快乐的婚姻，一对巧妇拙夫。

（八十）不幸的婚姻。夫不善其妻，为妻所谋杀。

（八一）淫荡之夫，淫荡之妻双方已分离。孩子有病。

（八二）萎弱的丈夫，放荡的妻子，多病的子女；时时在争吵中。（本节明日续完）

# 婚姻的百面观（四）

（八三）老年登徒子，青年妻子。因衣食无忧，双方尚相安无事。

（八四）艺术的婚姻。妻子是一位名人的姘妇。家庭生活安适。

下等阶级夫妇十六对

（八五）放荡的丈夫。以前因妻子的妆奁而享乐，现已沦为乞丐。有时以零星工作度日。妻病，子女夭折。

（八六）快乐的婚姻，由于极度的贫困。

（八七）妻卖淫，丈夫做乌龟。

（八八）快乐的婚姻。丈夫做贼，妻子卖淫。

（八九）双方因贫穷而不幸。

（九十）不幸的婚姻。丈夫是酒徒，妻子在穷困之中工作。

（九一）不幸的婚姻。贫困，误解，嫉妒，疾病。

（九二）一个奴仆的家庭。妻女唯主人之命是从。

（九三）不幸的婚姻。时常口角。互相不信任，恨恶，轻视。

（九四）不幸的婚姻。高傲的丈夫为妻子所欺，因贫困之故，无法反抗。

（九五）不幸的婚姻。丈夫已出亡。

（九六）不道德的婚姻。夫妻子女俱以不名誉的收入自给。

（九七）可怜的结合，结果进入贫民院教济。

（九八）可怜的结合，结果被迫入贫民院。

（九九）同上，在贫民救济院度日。

（一百）一对幸福夫妇，患难相依，备历艰苦，始终不渝，是值得尊敬的圣洁的婚姻。

将这一百对夫妇的生活统计起来，其中不幸者有四十八对，互相漠不相关者三十六对，快乐者十五对，可敬者一对。在妻子方面，因丈夫之过于［而］患病者三十人，因他种原故而患病

者三十人。妻子因本身之过错而不幸者十二人。在百对之中，只有一对因互相忠实而快乐，其他所谓快乐者，若一加仔细研究，则大都因妻子不过问丈夫在外间之行动而已。

荷芬格氏根据这调查作结论道：半数的婚姻都是不幸。半数以上不合道德标准。少数的快乐夫妇均因妻子不过问丈夫的行动。根据这调查，可知目前关于婚姻的种种法制均已失败，结婚制度实有改善的必要了。（完）

# 如意袋考

防毒避孕所用的一种橡皮套（Condom），中国人称作“如意袋”，英国人称作“法国帽”（French Cap），但法国人却又幽默的称它作“英国帽”（Capote Anglaise），这是一种历史悠久，而又安全可靠，更不妨害风化的一举两得的防毒避孕工具。据霭理斯说，古代中国和日本的娼妓，在接待客人时，用一团油纸塞住子宫口，作为避孕的工具，可说是如意袋的滥觞。既然知道用油纸团，则包围生殖器的更可靠的方法也许由此进步。欧洲在十六世纪中叶，意大利的著名医学家法洛辟奥斯（Gabriel Fallopius），曾推荐这工具，那时还是一个布套而

已。从自［此］以后，制造方面渐有改进，先用绵羊或山羊的盲肠，其次便用胶类制成。到十七十八世纪进步更速，尤其英国方面的出品。因此这东西便被称为“英国帽儿”，著名的风流人物迦撒诺伐更俏皮的称作“英国大礼服”（Redingote Anglaise），不过他显然不赞成这东西，因为他曾说，“不愿将自己关在一张死皮之内，躲在这里面活跃”。这些帽儿，据说都是用牛的大肠薄膜制成。

法国的谢费妮夫人（Mme. de Seriqne）也曾在当时提到这东西，说是：

“防逸乐的盔甲，防罪恶的蜘蛛网。”

十八世纪时，巴却孟特（Bachaumont）在他的日记也曾提到这东西，好像是向一个沦落为娼的女优说的：

你是知道如意袋的用处的，

我的女孩子，这如意袋，就是法律，就是先知！

Condom这字，有时也写作Condon。有人说是由一个名康同（Conton）的医生得名，但据霭理斯考查的结果，英国历朝医生始终无“康同”其人；又有人说，法国有一小镇名“公洞”（Condom），这东西也许由此得名，但也不能证实。汉斯费尔台氏（Hans Ferdy）则以为Condom这字，也许由

Condus 一字变化而来，因为这字正含有“贮藏”或“保护”之义。

如意袋普通分为两类，一类用树胶或橡皮制成，一类用羊的盲肠制成。盲肠制者价较贵，质薄，因此在快感方面比树胶制者好，但经用耐久则不及树胶制，因此功效方面也较次。据说一具橡皮或树胶质的如意袋如果保存得当，放在冷水中，可以使用数次，而且功效十分可靠。这东西避孕之外，防梅毒及淋菌都有效，而且间接更可使女性免被传染，所以在各种避孕防毒的工具中，被推为最安全最有效的一种。

有人从性交的美学方面反对如意袋，说是减少快感，但法奈耳氏（Forel）却俏皮的辩解说：这些意见只是成见而已。眼镜的使用，在未普遍时，也为人所反对，说是有碍美观，但是普遍后，并无妨于人生之诗意，而且对于有些人成为不可少之工具。反对如意袋者，观此可以哑然失笑矣。

# 中国刺猬

据魏森堡（Weissenberg）说，俄国人颇多使用一有齿的弹性小环，套在生殖器上以增加女性的快感（*Zeitschrift für Ethnologie*. p. 135）。霭理斯说这东西显然是从东方流入俄罗斯的，因为堡顿氏的《天方夜谭》全译本中，堡氏在注释中曾提到这类似的东西，说是中国人所用；这东西名“中国刺猬”（Chinese Hedgehog），是一个小小的银圈，上面缚着鸟类柔软的绒毛，大小恰可紧紧的套在男子生殖器的颈上。

读过“珍本”《金瓶梅》的人，大约总记得西门大官人随身带着的“淫器包儿”，里面放着的“闺中乐，颤声娇，银托子，硫磺圈”之类；所谓“中国刺猬”，大约就是“硫磺圈”的变像。关于这一切东西，布洛讫博士说得好：

> 野蛮民族的男子生殖器上的一切畸形装置，这一切使男子麻烦多而快乐少的东西，从另一方面说，却能使女子于性行为中增加逸乐；我们若加以解释，则除承认这一切装置都是出于女子的主动外别无他法。

这是根据女子性欲发展状态的精辟的议论。因为在表面上女子的性欲似乎弱于男子，但是醒觉以后，女子的性要求远盛于男子，于是便不得不仰求于药物或一切的人工装置。以前讲过的“阿配郎格”，这种男子的苦肉装置，完全为了取媚女子和由女子的要求而设。在许多野蛮民族中，没有经过这种手术的男子，往往没有女子肯与之结婚。某一个岛上的女子，为了她们自己的享受，曾限定这岛上的男子必须割去一个睪［睾］丸。为了增加他们性的耐久力。

就是文明国家的女子，有时也有这种要求。布洛讫博士曾引证有一位五十岁的男子，入莱巴却医院（Laibacher Hospital）的花柳病房求医。检验结果，他的肿胀的生殖器只是发炎，并无毒菌，涨大的生殖器内似久充塞着杆状物件，于是医生用手术将这人生殖器的表皮切开，发现里面有十几根发

针，有两寸长，有一根一直刺进了睪［睾］丸。据病人说，这是他的爱人刺进去的，为了她可以获得更大的刺激。

南美阿根庭的土人，流行用马毛制成的小刷缚在生殖器上，La Plata 博物院中就陈列着一具。这东西名叫 Geskels，是妇人所制，而且手工非常精致。有些地方更将羊的眼皮割下来应用，利用其上附着的睫毛。

据说日本妇人在过去曾流行使用一种自己享乐的工具，名叫 Rin-no-tama，是两枚鸽蛋大小的圆球，用薄铜制成，一个中空，一个其中有一颗小铅球或一点水银，附着颤动灵敏的弹簧，因此这两个球放在一处，只要微微触动一下，便可颤动不停。用时先将空球塞入腔内，再将有弹簧的球抵紧，只须肢体或肌肉微微一动，便可获得无上的快感，是寂寞妇人的最好的慰藉。

# 裸体种种

迦撒诺伐的回忆录中曾说起过，在瑞士的百伦城，有一次他去入浴，照了那地方的风俗，在浴室的许多女侍之中，挑选了一个陪他入浴。她先给他脱去衣服，然后自己也脱了，和他一同入浴，给他擦背，全部的工作经过很严肃，两人不曾开过一次口。但是洗浴完毕之后，这女侍好像期待他有所企图，但他已索然无兴，据他自己说：

> 虽然不曾注视这女郎的身上，但是我已经看出，她备有着一个男子对于妇人所期望的一切；一张美丽的脸，一对灵活的眼睛，一张美丽的嘴，整齐的牙齿，健康的容

颜，丰满的乳房，一切都十分和谐。虽然我觉得她的手还应该更润滑一些，但我知道这是由于工作之故；况且，我的这位瑞士女郎只有十八岁，但我依然无动于衷。这是甚么原故？这正是我要向自己质问的。

但性心理研究专家霭理斯却在他的著作中给这问题解释，说女性的害羞心理和性的吸引力有关系，一个不害羞的女子，会减少男子对于她的兴趣。迦撒诺伐对那瑞士女郎引不起兴趣，就是因为她太坦然自若，太无女性的羞涩之故。

但霭理斯赶紧接着说，女性的羞涩与她的道德并无关联，而道德更与穿衣服与否无关系。娼妓也有害羞的，但娼妓同时更是女性中最注重服装的人，一面娼妓却又被人目为最无道德。

今日欧洲妇女所穿的衬裤，直到十九世纪末尾才流行，这还是从东方由威尼斯传入的。最初也是由娼妓所采用，因此遂为一般妇女所鄙视，据说直到今天，你如果询问一位法国乡下姑娘是否穿衬裤，她会动怒的回答道：“我穿衬裤吗，太太？一个规规矩矩的女孩子！”

今日妇女的夜礼服，裸露着整个的背心，在陌生男子饥渴的眼光中走动，毫不为异，但试想家中的女仆万一裸露了背心在主人的面前走过，将要受到主妇怎样的呵责！

新希布利地的男子，浑身精赤，但是却用一条长布将生殖器缠起来，缠成二尺多长，然后反上来缚在腰间，一面却将肾囊裸露在外面。

许多裸体民族，男子不穿衣服，只有女子才用一片树叶或贝壳遮住阴部，这与其说是羞耻不如说是习惯，因为据他们传说，天神当初创造人类时，男神造男子，女神造女子，二人正在创造人类生殖器的时候，男神忽然要参观女神的工作情形如何，女神不允，始终用手遮掩着，于是从这以后，男子永远裸体，女子则不得不遮掩她们的私处。

# 醇酒妇人之神

戴奥奈索斯（Dionysos）乃是醇酒妇人与歌唱之神。他希望他的信徒喝酒寻乐。他鼓舞他们去恋爱。戴奥奈索斯为了他的信徒们的爱而死，又因了他们的爱而复活。他死去的忧郁，正增加了他苏醒时的欢乐。复活以后，一切的烦恼忧愁一扫而空，生命正是一巨觥的醇酒，人们从这里面欢闹终宵，歌舞以去。

要参观戴奥奈索斯的神秘，你必须在下午就出发，这样你才可以捷足先登，当游行在日落中开始的时候。仪仗的先头，你可以看见坐着祭司的马车，他正是戴奥奈索斯的神替身。他的后面跟着执火炬的人，沿途照耀。在这些人之后就是扛酒的人，男男女女，扛着整桶金红的酒，上面盖着葡萄叶。酒乃是戴奥奈索斯最大的恩赐，再停一刻到了目的地之后，也是群众对于他的最大的顶礼。扛酒的一群之后便是肩着大筐果子的姑娘们；葡萄，椰子，石榴，因为戴奥奈索斯正是蕃殖之神，春之先驱，人类一切果实的赐与者。在这之后就是乐师，吹着芦笛，鼓着铙钹。

这时群众已拥挤不堪。男女老少，年幼贵贱都有。几乎所有的人都套着假面具，扮着山鬼水仙，真真假假的一切东西。每个人的衣服都穿得很少；向来有衣服遮盖的地方，这时都裸露着；向来裸露着的地方，这时都反而遮盖起来，他们的头发都披散着，眼中射着矇眬的醉意，他们沿路推挤倾轧，此起彼仆。有时唱着情歌，大胆热烈的词句。有时互相咒骂，露出在平素怎么也不肯露出的一种面目。

在他们背后来了欢喜神像，正是他们歌唱的象征。这里还有人类生殖器官的模型，在这游行之中，与其说是受人崇拜，不如说是受人的揶揄［揶揄］。一个男子会将一具人造的阳物用带子缚在腰间。一个女子会将她的生殖器的肖像高举过头，此外还有象征两性结合的一切东西。

仪仗在形式上已算完结，但沿途自僻街小巷闯入的群众，这时将游行的行列弄得更为噪杂。这一群人尾随着行列，直到树林中预先定好的目的地。他们便男女杂沓，混入信徒之中。一切都是平等的；谁也不知道是朋友或是仇敌；也不管是母亲还是女儿。人们已经回到了社会将他缚束之前的形状。

当行列达到了目的地——树林中沿海的一块旷地，他们打开一只大柜，戴奥奈索斯的神像，热情而兴奋，便被请了出来。这神像坐到一对象征妇人乳房的座位上。杀了一只猪献祭之后，他们便开始吃喝起来。酒不停的倾着。男人女人开始抛开了身上的衣服。裸体的女人用着暗示的姿势，兴奋的动作，逗引着男人，追逐着男人。男人不顾一切的将她们抱到怀里，不管她究竟是谁，也不管有人当前。疯狂的妇人手执磷火的火炬跃入池中，见了火炬不熄，自以为发生神迹。男子像兽一样的在水中追逐着她们。同时，所有的孩子们，也被男人女人强迫着尝试这醇酒妇人的滋味。

黎明之后，神像重行回到柜内。男子们，为酒色所困，也开始向回家的路上走去，半睡半醒，跟着疲倦了的被玷污了的妻女和孩子们。